初中道德与法治课程、教学与评价

剧爱玲/著

北京燕山出版社
BEIJING YANSHAN PRESS

图书在版编目（CIP）数据

初中道德与法治课程、教学与评价 / 剧爱玲著. —
北京：北京燕山出版社，2023.8
ISBN 978-7-5402-6955-5

Ⅰ.①初… Ⅱ.①剧… Ⅲ.①政治课—教学研究—初
中 Ⅳ.①G633.202

中国国家版本馆CIP数据核字（2023）第102732号

初中道德与法治课程、教学与评价

著　　者	剧爱玲
责任编辑	满　懿
出版发行	北京燕山出版社有限公司
社　　址	北京市西城区椿树街道琉璃厂西街20号
电　　话	010-65240430
邮　　编	100052
印　　刷	北京政采印刷服务有限公司
经　　销	新华书店
开　　本	170mm×240mm　16开
字　　数	315千字
印　　张	17.5
版　　次	2023年8月第1版
印　　次	2023年8月第1次印刷
定　　价	58.00元

序言

独行快，众行远

2022年4月，教育部颁布《义务教育道德与法治课程标准（2022年版）》。新版课程标准强化课程育人导向、优化课程内容结构、研制学业质量标准、增强指导性、加强学段衔接，体现了党和国家在新时代、新征程对本学科教学提出的新任务、新要求。新版课程标准的实施为广大道德与法治教师的教学创新发展提供了广阔的舞台。无论"文本课程""实施课程"，还是"习得课程"，都需要教师去体认、去再造、去落实，课程改革的成败归根结底取决于教师。教师承担具体教学（研究）工作，一头连着课程，一头连着评价；一头挑起了日月，一头撑起了乾坤。正是从这个意义上来说，"教师即课程"。

不过，作为新课程的教师仅仅局限于教师个体的"职业技能训练"是远远不够的，因为教学不仅是技术，更是一门艺术。它要求从"工匠型教师"转型为"专家型教师"。"专家型教师"应当致力于通过教学研究、总结提炼、创新实践，打破陈规，走出照本宣科、死记硬背、疯狂刷题、只看分数的困境，提出具有鲜明个性特点的、科学的教学主张，创造出促进学生素养培育的"课堂文化"。

如果说课程标准是一栋大楼的设计蓝图，那么教学过程就是建造大楼的施工过程，教师要带领学生一起完成建筑任务，并且参与和接受对建筑质量的评价。作为人类灵魂的工程师，道德与法治课教师仅仅会"搬砖"是远远不够的，需要不断学习、实践、反思、提高。道德与法治课教师虽然不是思想家，但一定是思想者，必须在课程理解、课堂教学、考试评价三个方面有深入的钻研、独立的思考、成熟的见解。

这本《初中道德与法治课程、教学与评价》是剧爱玲老师从事思想政治课教学教研工作三十多年来教育教学的实践总结和理论思考，其中相当大一部分内容是2016年以来"井喷式"发表的论文，有几篇发表在《中学政治教学参考》上的论文是我和她合作撰写的。可以说，这本书记录了剧老师从一位普通的一线教师向"专家型教师"奋力攀登的光辉历程所留下的深深足印。阅读本书，我们可以了解剧老师"快乐教学，学科让生活更美好"的工作理念，感受她"特别能奉献，特别能学习，特别能合作，特别爱学生"的团队精神，领略她为大家精心调制的有观点味、生活味、探究味、文化味、尊重味的"五味"课堂，品味"课堂深处，双向渡人"，师生共同成长的意趣。"教是目的、研是工作、员是身份"，谦虚、谨慎、勤学、务实、上进、不懈，从事思政课教学、教研工作应该做像她这样的人。

但是，这本书也有明显的缺点，作为专著它缺少顶层设计，只是简单地分类汇总，内容比较散乱，不够系统，思想也不够深邃。这是中小学教师、教研员著书立说时常见的、需要改进的问题，提醒我们要加强教育实践与理论之间的对话、合作。教育实践不是尝试错误的技术性活动，而是检验和发展理论的试金石；教育理论不是空泛概念的"文字游戏"，而是指引教育实践的参考原则和增效放大器。没有理论的实践是盲目的，没有实践的理论是空洞的。我们要强调教育实践与理论的统一、实践者与研究者的对话，主动寻求理论支撑和专业支持，以激活教师的"实践性智慧"或"实践性知识"，求得教学的大智慧，从而促进教育教学高质量发展，真正实现教师专业成长。

如果说新教师是先做学生、后做教师，熟练教师是边做学生边做教师，那么教研员则更多的是陪伴学生和教师，同他们一起做学生、一起做教师，不仅不能脱离队伍，而且要长时间走在师生队伍的前列。要始终走在队伍的前列，为同行者指引方向、提供路标，在现实社会中不是件容易的事情，需要不断地学习、实践、开拓，更需要持续地反思、合作、交流。《荀子·修身》说："道虽迩，不行不至；事虽小，不为不成。"这句话旨在劝诫人们，在求道、做事的时候，不要害怕遥远艰难，而是要付出实际行动。这本书就像一个显著的路标，为我们提供了范例，正所谓"独行快，众行远"，衷心祝愿以此为起点，剧老师和同行者一起走得更远、发展得更好，创造更加美好幸福的未来。

杨伟东

2023年1月29日

情感思政，润物无声

认识剧爱玲老师，是在一个思想政治课专业微信群里，她的姓名很特别，名"爱玲"，姓"剧"。我在想："爱玲"是个作家呀，而且是"剧"作家，怎么跑到思政专业群里了？于是，就关注了她。我发现她虽然在群里话不多，但学习味比较浓，也比较诚恳。当我得知她是河南唐河人，和我是同乡，就果断加了她的微信。

一来二往，我们成了微信好友。我有研讨活动，就邀请她参与、助阵，她那里有机会，也会推荐我去学习、讲座，我们互帮互助、共同成长。

从与她短短的相处过程中，我产生了以下几点认识：

立德树人站讲台。在教学生涯中，剧老师站在立德树人的高度，团结同事，关爱学生，由早期苦练基本功，模仿名师风格到逐步形成自己的"愉快教学法"，融知识性、科学性、趣味性于一体，使她的课堂变为学生主动学习的乐园。剧老师所教班级成绩在乡、县评比中一向名列前茅。她善用歌曲、幽默、诗词等精心营造温馨和谐的魅力课堂，关注学生心灵，让每一朵生命之花都绚丽绽放，达到了"不以物喜，不以己悲"的超然境界。

甘为人梯搭平台。在教研工作中，剧老师站在"为党育人，为国育才"的高度，用爱心润泽思政课堂，用真心培育学科精英，倡导"情感思政，润物无声"的教育理念，坚持"且研且思，以研促教，教研结合"的教研道路，培养了一大批学科骨干。

她认为一个好的思政教研员要甘于平淡、安于平凡，做思政教师思想、行为的楷模，专业知识的崇拜者，教、学方法的向导，日常生活的知心朋友。她和老师们一起探寻职业幸福的道路，引导他们爱岗敬业、快乐育人。同时，她指导青年教师积极参加校、乡、县级各类业务竞赛，着力培养种子选手参加市级、省级各类赛课活动。自己也积极撰写文章，为老师们做讲座，传播自己的教育理念和教育教学主张。

修心远行登高台。在奋进征途中，剧老师"不忘初心、牢记使命"，经过长期跋涉和艰难蜕变，也收获了诸多的荣誉：中小学正高级教师、河南省特级教师、河南省基础教育优秀教研员、南阳市政府特殊津贴人才……迎来了登高望远、修心远行的不平凡岁月。她深知作为一个县级教研员，要真正实现自己的价值，还有很长一段路要走。于是，在中原名师工程项目的驱动下，在导师团队的引领下，她仰望星空、脚踏实地，不断地读书、实践、反思、梳理、攀登，向着豫派实践型教育家迈出坚实的步伐。

是为序。

牛学文

2023年1月10日

初心隽永，育人有恒

2021年2月3日，我参加县里组织的教育系统管理人员素质能力测试，最后一道题是根据给定材料，联系自己的工作实际自拟题目写一篇小作文。现场作文后，我整理了电子稿。

初心是什么？初心是《华严经》中"不忘初心，方得始终"的修佛之道，是《爱莲说》里"出淤泥而不染，濯清涟而不妖"的高贵品质，是《诗经》中"死生契阔，与子成说；执子之手，与子偕老"的承诺与坚贞，是《竹石》中"咬定青山不放松，立根原在破岩中，千磨万击还坚劲"的恪守与坚持，是青春时期笔记本里写下的教育理想，是垂垂老矣时面对世界的美好回望……

教育的初心是贯彻党的教育方针，立德树人，培养全面发展的人。教师的初心是用自己的教育情怀和实践回答"培养什么样的人，怎样培养人，为谁培养人"的时代命题。教研员的初心是立足学科教育教学研究、培养引领教师的育人恒心。

作为一名教研员，"教"是我们的目的，"研"是我们的工作，"员"是我们的身份。在课程改革的浪潮中，教研员要做领跑者，要思考一方教育的学科现状并为其革新而尽力。

在平时的工作中，我带领学科同人，教研结合、以研促教，倡导"快乐教学，学科让生活更美好"的工作理念，提出"特别能奉献，特别能学习，特别能合作，特别爱学生"的团队精神。开拓线上线下教研新思路，科学命制统考试题，精心组织教研会，并做观摩课和专题报告。给老师们进行赛课指导、晋职晋级答辩演练，指导青年教师积极参加各级各类业务竞赛，培养种子选手参加市级、省级各类赛课……营造一个学习与交流的园地，聚集一群坚定而执着的同路人……

当我看到一个偏远乡镇的青年教师，在省级观摩会场精彩展示、赢得掌声的时候，当我看到学科老师由蹒跚起步到一篇篇文章见诸各类刊物的时候，当我看到老师们的科研成果获得一个个奖项的时候，当我看到老师们在专业成长之路上不断进阶的时候……我由衷地感到骄傲和自豪，悄悄抹去的不只是汗水！就这样，在引领育人的同时，我也在和老师们一起不断成长，行稳致远！

教研活动是心灵的沟通、情感的交融、思想的碰撞、人格的对话。我认为，作为一名思政学科教研员，必须是学科教师思想、行为的楷模，专业知识的崇拜者，教、学方法的向导，日常生活的知心朋友。我经常对老师们说："耕耘不问收获，自有一路花香，只要初心不忘，脚下就是远方！"

"思政课是落实立德树人根本任务的关键课程。"讲好思政课关键在于思政课教师的修为。"教研员是教师的教师"，思政课教研员更是使命艰巨，先修为自己，方能立己达人，引领教师立德树人、为党育人、为国育才。

静心教研，潜心育人，不负韶华是我的人生信念；向具有高涨职业热情、先进教育理念、精湛专业技能、鲜明教学风格、超常示范引领、饱满成长业绩的豫派实践型教育家迈进是我的人生追求！未来，我会一直努力——

本书是我从事思想政治课教学教研工作三十多年来教育教学的理论思考和实践总结，其中部分内容是已公开发表过的论文。在思考这篇序言的时候，我脑海中不止一次地闪过一个词语——"初心"，因而也就自然而然地想到这篇文章。出版本书的初心，其实是想给自己的职业生涯一个交代和总结，这也是我仅仅能做的给予后辈的一个精神流传。

由于能力所限，本书留有诸多遗憾，敬请大家批评指正！

忝为序。

剧爱玲

2023年1月

目 录

下篇　考试评价

上 篇
课程理解

　　这是我的第一本书。看到它，仿佛穿越时空隧道，回到过去。我看见了自己二十岁、三十岁、四十岁的样子。

　　看见了自己第一次走进课堂的匆匆身影，看见了自己和学生在一起时的笑意盈盈，看到了自己和老师们在一起时的心灵相通，看到了自己永葆青春的教育生命……

　　这一个个铸就教育梦想的日日夜夜啊，我就像一个赶海的小姑娘，不停地走呀走呀……不经意间，弯腰捡拾起一枚贝壳。而今，凝神处，这些精美的贝壳里竟然有闪闪发光的珍珠。采撷颗颗语言的珍珠，穿成串串文字的项链。嗨，这海就是教海，这贝壳就是一串串随手写下的文字，这珍珠，就是一篇篇小文，这项链就是这本书。那一闪一闪亮晶晶的，就是我用爱心写就的对课程的热爱和深度思考。

彰显课程价值　培育优秀公民

——初中道德与法治课程价值与实现路径探微

"核心素养"一词在2014年教育部出台的《关于全面深化课程改革落实立德树人根本任务的意见》中首次出现，此后，核心素养成为我国教育教学领域高频出现的关键词语。直至2016年9月，《中国学生发展核心素养》正式发布，标志着中国的基础教育开始进入以培养"全面发展的人"为核心的核心素养新时期。时下，核心素养正指导、引领着中小学课程教学改革实践，正逐步成为中高考评价的核心，成为评价教育成功与否的关键因素。身为基层教研员，笔者也常常思考、研究：在核心素养新时期，道德与法治的课程价值在哪里？在实现课程价值过程中会遇到哪些障碍？如何克服这些障碍实现课程价值？

一、初中道德与法治的课程价值

最新修订的统编版《道德与法治》的教材设计，坚持以习近平新时代中国特色社会主义思想为指导，以社会主义核心价值观为统领，积极落实立德树人的根本任务，将国家和社会发展的前瞻性要求与青少年思想品德发展、法治素养提升、健康人格形成的基本规律相结合，旨在回答"培养什么样的人，怎样培养人，为谁培养人"的时代命题。由此可见，初中道德与法治课程正是回答这个"时代命题"的主阵地，"培养什么样的人"，初中道德与法治课给出了响亮的回答：培育德、智、体、美、劳全面发展的人，让学生成为有理想、有道德、有文化、有纪律的优秀公民。这也正是初中道德与法治课程的核心价值。

（一）从初中道德与法治的课程性质看课程价值

《义务教育思想品德课程标准（2011年版）》和《青少年法治教育大纲》是初中道德与法治教材编写的基本依据。《义务教育思想品德课程标准（2011年版）》指出，思想品德课程是一门以初中生生活为基础、以引导和促进初中生思想品德发展为根本目的的综合性课程。课程具有思想性、人文性、实践性、综合性等特性。对于课程的思想性，《义务教育思想品德课程标准（2011年版）》这样阐述："以社会主义核心价值体系为导向，深入贯彻落实科学发展观，根据学生身心发展特点，分阶段分层次对初中生进行爱祖国、爱人民、爱劳动、爱科学、爱社会主义的教育，为青少年健康成长奠定基础。"笔者认为，思想性在《义务教育思想品德课程标准（2011年版）》中被置于诸特性的首位，是该门课程的灵魂，纵观每一个特性都蕴含着课程育人价值的理念。

党的十八届四中全会提出："创新法治人才培养机制，形成完善的中国特色社会主义法学理论体系、学科体系、课程体系，推动中国特色社会主义法治理论进教材进课堂进头脑，培养造就熟悉和坚持中国特色社会主义法治体系的法治人才和后备力量。"而《青少年法治教育大纲》恰逢其时地成为我们初中道德与法治教材编写的依据之一，初中道德与法治课程承担着培养法治人才的重任。

初中道德与法治课程的核心是帮助学生过积极健康的生活，做有担当的公民。初中学生正处于身心发育逐步成熟的时期，道德与法治课程的任务就是引领学生认识自己，了解社会，珍爱生命，崇尚法律，遵守道德，参与国家管理，过积极健康的生活，做新时代有担当的优秀公民。

笔者认为，课程教材编写反映课程性质，课程性质决定着课程的核

上篇 课程理解

心和任务，课程的核心和任务彰显着课程培育优秀公民的育人价值。

（二）从学科核心素养的层面看课程价值

"少年兴则国兴，少年强则国强。"而核心素养已经成为少年兴、少年强的必备品格和不可或缺的能力。2017年版《普通高中思想政治课程标准》提出国家层面的高中思想政治学科核心素养包括政治认同、科学精神、法治意识、公共参与四个方面。而目前初中思政学科的核心素养尚无定论。

笔者认为，道德与法治学科的核心素养除了具备政治认同、科学精神、法治意识、公共参与四个方面内容外还应该从初中生自身发展维度考虑加上立德修身这一项。对于正处于成长"黄金时期"的初中生而言，培养好的道德品质、修养健康身心尤为重要。通过初中道德与法治学科的学习，可以帮助学生养成爱国、敬业、诚信、友善等道德品质，树立自由、平等、公正、法治等理念，认同富强、民主、文明、和谐、美丽的价值追求。因此，从核心素养层面看，道德与法治学科培育的就是具有政治认同、科学精神、法治意识、公共参与，懂得立德修身的优秀公民。

综上所述，道德与法治学科的课程性质决定了其课程价值是育人，培育道德与法治学科的核心素养是为了实现课程的育人价值。道德与法治课程必须是落实立德树人宏观目标、学科核心素养中观目标和课堂教学三维目标三者统一才能实现其育人价值，才能为新时代的中国培育优秀公民。

二、现行教育教学中影响课程价值实现的问题

然而，笔者长期观察县域内的学科教学，发现基层学校教学实践中学科育人价值缺失相当普遍。道德与法治课的教学实效不尽如人意，主要问题有：

（一）学校教育重功利化，课程价值认识不准

当今社会，教育竞争愈演愈烈。一些学校急功近利，迎合社会上认为升学率高就是名师的看法，把学校利益最大化，于是把学生培养成为考试的机器，忽视素质教育的育人理念，忽视了学生健全人格的塑造和良好素质的培养。部分道德与法治学科教师对课堂教学还停留在"传授知识"上，教学中只重视知识的传授，而忽视了能力培养，以及学生情感、道德、价值观的培育，严重影响了学生的全面发展。不少学校和家长认为道德与法治学科就是一门副科，上道德与法治课就是让学生读读背背，能应付考试就得了，学得好不好问题都不大。来自家庭、学校、社会等方面的片面看法，给我们的教学带来一定的难度，从而影响了道德与法治课程育人价值的实现。

（二）没有透彻理解教材，教学与生活脱节

道德与法治课教学内容的一大特点就是与时俱进，教材紧跟时代步伐，并具有一定的前瞻性。新时代、新教材，实践发展了，教材变化了。然而，基层的课堂现场包括一些公开课、评比课，往往是有的教师没有吃透教材丰富的文本内涵，抛出一些不切实际的话题，站在道德的制高点进行空洞的说教；有的教师善于讲故事，却用编造的虚拟故事来说事，目的是煽情，结果课上得呆板、矫情，与现实疏离，还不如创设真实情境，放手发动学生，让学生讲好自己的故事，用学生的真实生活经历，感知理解课文，进行师生交流互动。诸如此类，教师没有真正走进教材，致使教学与生活脱节的现象仍较普遍存在，使得道德与法治课程育人的实效难以显现。

（三）漠视学生主体地位，学生缺乏参与热情

课堂是学生"天高任鸟飞，海阔凭鱼跃"的殿堂。新课程倡导以学生发展为本，以学生为主体，教师要指导学生开展研究性学习，合作学习，要引导学生发挥自主性，让学生参与学习全过程。然而，笔者在参加的多次听评课教研活动中，观察到相当一部分教师的课堂仍然是一支

粉笔一张嘴，满堂灌，学生只是被动在听，思维没有被激活，能力没有提升，思想没有变化，课后如何会有行动。教师俨然是"我的地盘我做主"，"统治"整个课堂，漠视了学生在教学活动中的主体地位，学生自然就缺乏参与的热情。

笔者觉得优秀的道德与法治课老师，在课堂上应是扮演着"导演"的角色，是活动的组织者、引领者、合作者，学生才是真正的"演员"，课堂是学生的"地盘"、学生的"舞台"，教师作为"导演"还要全方位地激发"演员"的热情，从而晓之以理、动之以情、导之以行、持之以恒，实现道德与法治课的育人价值。

（四）学科评价方式单一，教师配备不够专业

在县域内的教育生态下，和其他课程一样，道德与法治课，教学评价相对单一，评价的标准主要看分数，评价的方式看重结果、轻视过程，不少学生虽然在考试中成绩不错，但是并没有形成我们所期望的素质。道德与法治教师大多是非本专业出身，在七八年级尤为明显。更有甚者，在一些学校，担任七八年级道德与法治课教学的老师是即将退休的老教师，或者是从事"主科"教学又兼任道德与法治课教学。因而导致部分道德与法治学科教师教学理念相对落后，专业素养相对不高。这种现象在相邻的地市县域内甚至一些地级市内也大量存在。总之，由于单一的学科评价方式和教师配备不够专业，在一定程度上影响了课程价值的实现。

三、解决现实问题，实现课程价值

"怎样培养人"，追求育人价值，初中道德与法治课堂教学就成了主战场，教师就成了主力军。当今教育走向培养学生核心素养的新时代，教学升华为教育，教书升华为育人，"经师"升华为"人师"。要实现道德与法治课程的育人价值，学科教师该如何做？笔者认为要从以下几方面努力：

（一）注重素养落地，认清课程价值

道德与法治学科教师要尽力避免教育功利化的影响，注重学生核心素养的培养。笔者曾认真地研读了《中国学生发展核心素养》的三个方面，六大素养、十八个基本要点，也对现行课程标准中课程内容的三大部分，九个小部分共五十四项内容要求和三十六项活动建议要求与中国学生发展核心素养的一级、二级、三级指标进行了一一对照，发现内容高度契合、无一遗漏。《义务教育思想品德课程标准（2011年版）》从课程性质、课程目标、课程功能、课程内容、实施建议等方面和中国学生发展核心素养水乳交融、相辅相成。这充分说明，与其他课程相比，道德与法治课程天然地承担着培养中国学生发展核心素养的重要使命，道德与法治课程具有无可替代的德育功能和育人价值。如前所述，道德与法治学科的核心素养内容应包括政治认同、科学精神、法治意识、公共参与、立德修身五个方面。我国学生发展核心素养在学校教育方向，最终要落实、落细、落地在课程、在课堂，需要我们回归育人的原点，回到课堂上，回到课程本身，上好每一节课，培育学科核心素养。

（二）强化育人理念，开发课程资源

教材是教师教学的基本依据，也是学生学习的基础性资源。教师在教学实践中要更新教育理念，坚持立德树人目标，以学生为本，创造性地使用教材，要了解学生的需求，走进学生的生活。教师要积极开发和拓展课程资源，充分挖掘课程的育人内涵。有条件的学校，教师可以根据本地本校办学特色和需要，以学生的学习实际需求为基础，有目的、分阶段地编写配套的校本教材，并在实际教学中使用。2017年，笔者组织相关教师结合本地实际编写了《放飞青春追逐梦想——社会主义核心价值观校本教材》读本，在基地学校九年级配合道德与法治课堂教学使用，2018年在县域内扩大适用范围，使课堂教学更好地凸显了育人价值。教师还可以适切引导和有序地开展社会实践活动，比如研学旅

上篇 课程理解

行、参观爱国主义教育基地等，让学生把课堂所学真正内化于心、外化于行，提高课程的育人实效性。这一点很重要，但往往有各种原因被忽略，我们要想方设法创造条件，引导学生参与社会实践，让学生亲近社会，让社会大课堂走进学生的心灵。充分利用课程资源，让课堂成为塑造学生健康人格的阵地，让课程为初中生的生命成长奠基。

（三）改变教学方式，打造"有德"课堂

改变教学方式，解决好"为什么教""怎么学"的问题，是实现课程价值的关键。"有德"教学才是有价值的教学。它是指关注学生学习的心情、态度、习惯，关注学生之间的友好交流、愉快合作、科学评价，让他们学会倾听、学会观察、学会尊重、学会欣赏、学会助人、学会共享。一些教师只关注问题解答得对错，考试是优还是良，其实还有比学习成绩更重要的东西，需要我们每位教师在每一节课中细心地去关注，那就是学生内心世界的价值判断和真正的价值需求，引领其进行正确的价值选择和行为选择。"有德"课堂润物无声，育人无痕，能对学生的健康成长产生持久深远的影响。

教学方式需要做怎样的改变？道德与法治课教师不要做政治或法律文件的传声筒，也不要做对学生进行社会主义道德理论机械灌输的播放器。道德与法治课堂应该是教师和学生一起通过创设不同的情境，设计不同的学习活动，建构知识、生成观点，重视过程、培养能力，提升情感、导引行为的过程。笔者在讲授九年级上册《中国人　中国梦》这一课时，通过不同的情境设计了千年寻梦、青春说梦、圆梦征程三个板块，引领学生与教材对话、与时代对话、与自己对话，突破重点和难点，引领学生自觉将个人梦想与民族梦、中国梦相结合，教师和学生共享与祖国和时代共成长的教育愉悦和生命的拔节。诸如此类，道德与法治教师要引领学生初步把握国家大政方针、价值观念及政治、经济、文化、社会建设、生态文明建设的基本要义，培养学生独立的思辨能力、理性持久的爱国精神，以及对社会的责任担当。在这个过程中，要深入挖掘学科的精神价值，并且，这是我们长期的教学任务和努力方向。

一点一滴汇成大海，一分一秒组成人生，一步一行可达千里。课程价值的实现不可能立竿见影，贵在持久、去功利，需要道德与法治课教师拥有平和简静的心态、淡定从容的气质和一种对事业、对课堂无限热爱的睿智与坚定。

（四）多元评价学生，激发引领成长

道德与法治教师在教学过程中，要坚持不断探索多元化的评价方式。从学生思想实际和社会生活实际出发，适时对学生进行价值观的引领和培育。课堂教学中要以情感、态度与价值观教学目标为导向，设计好课时目标，要探索采用多种评价方法对课堂教学效果做出科学的解释，使评价不仅能了解学生学习效果以及存在的问题，而且能激发学生学习的主动性，如纸笔评价、虚拟道德币评价、成长记录袋评价、星级评价等方法。在评价时候，应尽量避免以笔试作为主要的甚至是唯一的评价方法，这就需要教师动脑子、想点子，设计科学的评价策略，善于把各种评价方法有机地融合在一起，根据不同的情况，做到科学性、灵活性的统一，客观评价学生的思想道德状况，总结反思评价结果，改进教学，引领学生成长，进而实现课程目标。

道德与法治课程承担着为中国社会培育优秀公民的重任，其育人价值是毋庸置疑的。作为肩负使命的道德与法治学科教师，我们一定要响应时代召唤，切实转变观念；牢记神圣使命，接续奋力前行；认清课程价值，探索实现路径。我们一定要让青少年学生从道德与法治课程中终身受益，一定要让道德与法治课堂培养出中国特色社会主义事业所需要的优秀公民，为实现中华民族伟大复兴的中国梦做出自己更大的贡献！

（本文发表于《中学政治教学参考（中旬）》2019年第5期，本文有改动）

上篇 课程理解

理解新课标　明确新方向

2022年4月，《义务教育道德与法治课程标准（2022年版）》（以下简称新课标）在我们满怀的期待中来临，并将在新学期实施。透彻理解新课标，是做好新时期教学教研的前提和依据。

怎样让新课标随着新学期的到来，进入老师们的脑海里，进入老师们的心里，进而进入课堂中，也使自己对新课标的理解进一步深入？于是，我发起了一个学习新课标的读书活动。希望通过老师们的反复读，能够悟出一些道理，从而带来理念的些许变化。我相信，这些许的变化定会带动课堂悄悄地变化。于是我把新课标的电子版，用红色标注并分为18个部分，发在我的学科教研微信群里让老师们认领，老师们积极响应。在老师们读每一部分的时候，我也结合自己的理解做了粗浅的解读，使自己对新课标的理解进一步深入。这个小小的举措，对于新课标的落地，或许是微不足道的，但是我感到是最直接的，直接地发生在参与的每个老师的身上。毕竟，要让学习在学生身上真正发生，就要先让学习在老师们身上发生。

就这样，本来计划是18个人，结果却有30多个人，到后来共有45个人，就连其他省市的老师也参与进来。老师们都能根据要求，反复阅读并录音发给我，放在微信公众平台上。这个举措深受老师们欢迎，并有老师建议"有条件的可以配乐朗诵，这样我们的课标就灵动起来了"。老师们的积极响应也激励着我在学习中感悟反思、梳理成文。我将解读聚焦在理论与实践的结合，注重和教材的结合上，希望给自己一个思考的空间，也给老师们一个思考的借鉴。以下是我解读新课标的部分内容，这有利于我们理解思政课程的育人价值。

一、新课标的前言

前言是和《义务教育课程方案》的前言一致，首先回答了课程方案和新课标修订的时代要求、国家意志和人民需求。其次用三个部分阐述了新课程方案和新课标的指导思想、修订原则和主要变化。

其主要内容分两部分，第一部分是关于课程方案。一是完善了义务教育阶段的培养目标，即将学生培养成为有理想、有本领、有担当的"三有"时代新人。二是优化了课程设置。可以看出课程设置体系的一体化凸显了小初高的思政一体化建设的要求。这为思政一体化建设提供了课程设置依据和课标依据。三是细化了实施要求。教材编写、课程实施、教学改革与评价、教师培训、教学研究、教学检测与督导等方面也是一体化与一条龙的规定。

第二部分是关于课程标准。与《义务教育道德与法治课程标准（2011年版）》相比，新课标有五大方面的变化。这五方面的变化是两版课标的不同，也是新课标的亮点所在。我们可以联系教材来思考感悟，这样就改变了以往道德与法治课程"旧课标、新教材"的尴尬局面，让教材有标可依。

尤其是从主要变化的五个方面中，我们可以"看到"在向着第二个百年奋斗目标迈进的征程中，新课程方案和新课标为我们描画的课程蓝图。

同时，通过比对初中学段其他学科的课程标准，发现各学科课标的前言是一致的，各学科的课程标准也都是由六个部分和附录组成。这说明我们的课程设计是整体的一张蓝图绘到底，一体化思维纵横贯穿，这也为跨学科教学和学习提供了课程和课标的直接依据。

二、新课标的目录和课程性质

（一）关于目录

目录由六个部分和附录组成。六个部分分别是课程性质、课程理念、课程目标、课程内容、学业质量、课程实施。附录是核心素养学段表现。

从目录看，2022年版课标的六大部分和2011年版课标的四大部分相比，有的是单列出来，如课程性质和课程理念原本在一个部分，单列出来成两个部分，可见其重要性。有的内容是部分内容的删减和新增。如课程目标部分，改变表述方式，新增核心素养内涵，之后用总目标和学段目标的形式来呈现；课程实施部分，新增了教师培训和教学研究的内容；新增一个部分为学业质量；附录也是新增的。

从目录还可以看出，课程内容的呈现方式也和以前不同。2011年版课标分为成长中的我、我与他人和集体、我与国家和社会三大板块，里面隐性体现青少年的成长特点和发展规律。2022年版课标分为四个学段来呈现课程内容，直接显性体现育人的一体化蓝图。学段表述明显，便于教师整体把握理解，因而能更好地服务于教师的教学。

从目录呈现的核心素养内涵和附录的核心素养学段表现可以知道，核心素养是新课标着力表达的育人思想和育人目标。核心素养成为国家立德树人根本任务的课程落地目标。

（二）关于课程性质

新课标用两段话来表达。

第一段话蕴含着道德与法治课程背后的丰富的学理性和重要的价值性。表达的意思有四层：法治与德治的重要性；提高公民道德修养与法治修养的重要性；对青少年法治修养和道德修养精心培育的必要性；道德与法治教育对于培养担当民族复兴大任时代新人的重要意义和现实需求。

第二段话是道德与法治课程性质的直接表述，有以下两层意思：

一是回答了道德与法治课程是一门什么样的课程，同时回答了课程着力提升的青少年学生的素质和素养、修养，思想政治素养、道德素养、法治素养和人格素养四类素养其实和核心素养是相互对应的，也是对道德与法治课程的恰当定位。思政课是落实立德树人根本任务的关键课程，道德与法治课程是义务教育阶段的思政课，旨在提升学生的思想政治素质、道德修养、法治素养和人格修养等，增强做中国人的志气、骨气、底气，为培养以实现中华民族伟大复兴为己任的有理想、有本领、有担当的时代新人打下牢固的思想根基。

从这段话中我们可以看出，"三有"时代新人是义务教育阶段的育人目标，而道德与法治课程在培育"三有"时代新人目标中承担着打牢思想根基的作用，这个思想根基就是我们所说的培根铸魂作用。我们也可以顺着思考"三气"和"三有"之间的关系、"三有"的三个要素之间的关系，以及"三气"的三个要素之间的关系。

二是课程具有四个特性：政治性、思想性、综合性和实践性，新课标没有对这四个特性做进一步的阐述，留给我们更多思考的空间。对于政治性和思想性，我们可以结合学科在国家教育体系中和在整个课程体系中的地位、课程内容和教材内容来思考，政治性是思政课的首要属性，思想性是由课程内容的本质特征决定的，是课程入脑入心的必然要求。关于综合性和实践性，也是由课程内容决定的，道德与法治课程本身就是一门综合各门学科知识的课程，是文科中的理科，也是理科中的文科。同时道德与法治课也是一门社会生活课，必须植根于社会生活的实践中才能上好这门课，这就决定了它的实践性特征。综合性和实践性也可以从教学组织方式上去理解。

三、课程理念，为素养而教

理念，字面意思是理性概念。《辞海》对"理念"一词的解释有两种：一是看法、思想、思维活动的结果；二是理论、观念。通常指思想。理念与观念关联，上升到理性高度的观念叫理念。

关于课程理念，我比较认同这样的理解：课程理念是指人们对课程的理性认识以及在此基础上所形成的对课程的认同和追求。个人理解更多的是课程设计者期望教师实施教学活动时，心中所追求的一种信念和信仰。

新课标中的课程理念，是对课程设计的顶层思考，它不是具体的操作指南，而是说明了为什么这样设计，以及设计背后的依据和遵循。理念支配行动，教师把握了这些课程理念就会使自己的教学不偏离方向。

这次道德与法治课程标准修订的基本理念是基于课程培养学生的核心素养。因此，课程设计遵循这一理念，为培养学生的核心素养服务。核心素养本位是道德与法治课程设计的总原则。

道德与法治课程是以正确的政治思想、道德规范和法治观念对学生进行循序渐进的系统化教育，提升他们的思想政治素质、道德修养和法治素养，促进他们人格的发展与完善，为培养有理想、有本领、有担当的时代新人打下牢固的思想根基。这是课程标准对道德与法治课程的基本定位。根据这一定位，课程标准分为五个方面阐述道德与法治课程的理念。

一是以立德树人为根本任务，发挥课程的引领作用。这是从课程功能角度来讲的。从下面对这一理念阐述的一段话中可以看出课程的铸魂育人功能不仅仅是教书，更重要的是育人，我们不是在教政治，而是用政治来育人；不是来教道德与法治，而是用道德与法治来教人做人。

二是遵循育人规律和学生成长规律，强化课程一体化设置。这是从课程结构的角度讲的大中小的一体化和课程内容的结构化、主题式呈现和以学生成长为原点的纵向逻辑关系。

三是以社会发展和学生生活为基础，构建综合性课程。这是从课程的内容角度来讲的。基于学生生活，内容具有针对性和现实性，启发我们在教学中也要基于学生生活创设情境并展开活动。

四是坚持教师价值引导和学生主体建构相统一，建立校内与校外相结合的育人机制。这是从课程实施的角度来阐述的。这启示我们在教学中要重视必要的灌输和理论的价值性引导。但是不能硬灌输和强灌输，应把理论的盐撒在生活的大海里、社会的大课堂里，融化在活动的载体里，让学生主动建构生成。

五是综合运用多种评价方式，促进知行合一。这是从课程评价的角度来阐述的。评价是课程顺利实施的重要组成部分和最终的阶段，能够起到保障作用，然而在现实中这一环节不易操作且往往容易被人们忽略。新课标倡导运用多元的评价方式激励学生以推动学习活动的顺利进行，这一点需要我们特别注意。对于任课教师来说，要积极探索推进课程顺利实施的课堂评价方式，毕竟育人的主渠道在课堂，课程实施的主阵地在课堂。其他多元的评价方式需要和其他教育者共同合力才能实施。

综合五大课程理念，我们可以得出这样的结论：道德与法治课程是为培养学生的五大课程核心素养（政治认同、道德修养、法治观念、健全人格、责任意识）而设计的。这是课程设计总的基本原则，我们的教学也要为素养而教。道德与法治课教师心中有了这样的信仰，课堂就不会迷失方向。

四、理解课程目标

关于课程目标，教育术语中的课程目标是指课程本身要实现的具体目标和意图。它规定了某一教育阶段的学生通过课程学习以后，在发展品德、智力、体质等方面期望实现的程度，它是确定课程内容、教学目标和教学方法的基础。

确定课程目标，首先要明确课程与教育目的和培养目标的衔接关系，以便确保这些要求在课程中得到体现；其次要对学生的特点、社会的需求、学科的发展等各个方面进行深入的研究，才有可能确定行之有效的课程目标。

从某种意义上说，所有的教育目的都要以课程为中介才能实现。事实上，课程本身就可以被理解为使学生达到教育目的的手段。所以说，课程目标是指导整个课程编制过程最为关键的准则。

课程目标有助于澄清课程编制者的意图，使各门课程不仅注意到学科的逻辑体系，而且关注教师的教与学生的学以及课程内容与社会需求的关系。

广义的课程目标定位于教育与社会的关系，是一个比较大的视角，它的涵盖面是全方位的，即它是教育意图，包含了"教育方针""教育目的""培养目标""课程教学目的"和"教学目标"，而教学目标又包含年级教学目标、单元教学目标和课时教学目标。

狭义的课程目标定位于教育内部的教育与学生的关系，是一个相对狭窄而具体化的视角，它的涵盖面是特定的，主要指"教育目标"。狭义上，课程目标不包含"教育方针"，只包含"教育目的""培养目标""课程教学目的"和"教学目标"。

课程目标主要分为三类：①行为取向性目标。这类目标是期待的学生的学习结果，它具有导向功能、控制功能、激励功能与评价功能。行为目标具体、明确，便于操作、评价，对于学习以训练知识、技能为主的课程内容较为适合。行为目标取向的课程目标理论主要有泰勒的课程目标理论和布鲁姆的教育目标分类法。②生成性课程目标。这类目标不是由外部事先规定的目标，而是在教育情境中随着教育过程的展开而自然生成的目标，它关注的是学习活动的过程，而不是像行为目标那样重视结果，它考虑学生的兴趣、能力差异，强调目标的适应性、生成性。③表现性课程目标。表现性目标，是指在教育情境的种种遭遇中每一个学生个性化的创造性表现。它关注学生的创造精神、批判思维，适合以学生活动为主的课程安排。

了解课程目标的含义、功能和分类等相关概念与道理，有助于我们理解新课标描述的道德与法治课程目标。比如新课标的课程目标中为什么先讲课程核心素养及其内涵，再讲总目标及学段目标，这些目标为什么这样描述；也知道了我们在制定每一单元每一课时的目标时要用什么样的语言来进行描述。其实，我们平时微观看到的课时目标的表达方式，也应该和一些比较上位的理论保持一致，也要在一些理论的指引下完成。

透过这些关于课程目标的理论描述，可以看出学科总的育人目标为什么是核心素养而不是别的什么，这是结合国际国内时代背景、国际国内教育形势，社会对人才的需求和新时代青少年学生的身心发展特点等方面的综合考量。也就理解了对于道德与法治课程目标的设置，新课标是在围绕核心素养，体现课程性质，反映五大课程理念的思维框架下建立课程目标的。

五、核心素养内涵的理解

核心素养是课程育人价值的集中体现，是学生通过课程学习逐步形成的正确价值观、必备品格和关键能力。核心素养概念的提出是在20世纪90年代中后期，最早来自西方，21世纪之后被引入中国，有的专家学者称核心素养为21世纪核心素养。核心素养从来到中国在民间到官方文件的出现，也经历了一个过程。核心素养是当今教育界的热词，引领着基础教育的改革和中高考的改革。

新课标规定的义务教育阶段道德与法治课程核心素养和之前高中新课标规定的高中思想政治课程四大核心素养有相同之处和不同之处。道德与法治课程要培养的核心素养主要包括政治认同、道德修养、法治观念、健全人格、责任意识；高中思想政治课程要培养的核心素养主要包括政治认同、法治意识、科学精神、公共参与。

义务教育阶段道德与法治课程核心素养的五个方面不是割裂开的，

上篇　课程理解

而是相互独立又紧密联系的统一整体。政治认同是社会主义建设者和接班人必备的思想前提，道德修养是立身成人之本，法治观念是行为的指引，健全人格是身心健康的体现，责任意识是担当民族复兴大任时代新人的内在要求。五个方面在培育时代新人的关键课程实施的生动实践中统一。

新课标这一部分分别阐述了五大核心素养的内涵和主要表现。我们可以把五个方面的主要表现列表来记忆，如表1所示。

表1 五大核心素养的内涵和主要表现

项目内容	含义	表现	价值所在	相互关系
政治认同				
道德修养				
法治观念				
健全人格				
责任意识				

六、核心素养学段表现的总描述

新课程标准根据学段特征、学生认知发展特点以及生活经验范围和学生所接触的社会复杂程度的不同，分别对一年级至六年级和七年级至九年级学生的五大核心素养的学段表现予以不同的描述。这一点可以在附录上的核心素养学段表现中较为详细地看到。总的来说，我们可以这样理解，具体如下。

（1）政治认同：一年级至六年级主要是情感启蒙，侧重在情感倾向上对学生进行价值引导，进而促进学生在日常生活中开展政治实践；七年级至九年级在情感倾向引导的基础上，通过理性认知学习，帮助学生建立基于认知和情感认同上的理想信念并自觉践行。

（2）道德修养：一年级至六年级重点关注学生在日常生活和学习

中的文明习惯和行为；七年级至九年级更加注重学生的道德判断能力和道德选择能力。

（3）法治观念：一年级至六年级重点普及法律常识，让学生感知生活中的法、身边的法，初步形成法治意识，养成遵纪守法的行为习惯；七至九年级注重学生对法治的理性认识，运用法律规范辨别是非，守法用法，参与社会生活。

（4）健全人格：一年级至六年级重点在于正确认识自己，与他人有良好的沟通，能够适应生活环境的变化；七年级至九年级注重个人品质的养成，能够自觉开展有效行动，具备适应环境和应对挫折的积极心理品质。

（5）责任意识：一年级至六年级重点在于认识到自己所在的集体和环境，并将其与个人密切关联，承担起个人应负的责任；七年级至九年级注重个人在社会和国家层面的责任担当、奉献精神和负责任的行动，参与社会生活和国家生活。

这是从两个大的学段来进行的理解，其实针对同一个素养每个年级或每个小的学段都有不同的进阶。整个一年级至九年级是一个循序渐进螺旋上升的核心素养培育过程。

七、对"总目标"的理解

课程总目标是义务教育阶段结束时，学生学习本课程所达到学业成就的预设，也是核心素养在课程中的转化与落实。

核心素养不是空洞的概念，而是可以具化为一个个具体目标的可见的内容。本部分是道德与法治课程的总目标，是按照核心素养的五个方面来描述的。也可以理解为是五大核心素养作为课程总目标的每一个方面的总的描述。课程总目标分为五个段落，和道德与法治课程的五大核心素养一一对应。

基于核心素养培育的课程目标，是对学生通过课程学习逐渐形成的

上篇 课程理解

正确价值观、必备品格和关键能力的综合表述。这个表述整合了知识与技能，过程与方法，情感、态度与价值观三维目标，是对课程目标表述的新模式，即坚持着眼于三维目标，又强调三维目标之间密不可分的关系，体现了课程实施更加注重三维目标整体推进的取向。基于核心素养培育的课程目标是对三维目标的传承与超越。

从新课标对总目标的描述中，可以通过两种思路对知识与技能，过程与方法，情感、态度与价值观三维目标进行整合。一是通过活动，即实践活动进行整合。二是通过过程，即学习过程进行整合。把活动和过程作为通向目标的路径，而不是只讲内容和结果，体现了课程改革一以贯之的基本理念，也是走向核心素养的题中应有之义。

总之，道德与法治课程的总目标，在具体阐述上，以核心素养的五个方面为框架，在内容上相互交融。第一段是在政治认同上培养有立场、有理想的中国公民。在道德修养上培养有道德、有品格的中国公民。在法治观念上是培养有自尊、守规则的中国公民。在健全人格上是培养有自信、求进取的中国公民。在责任意识上培养有责任、有担当的中国公民。

总目标是课程实施"看得见"的方向，我们要细细研读方可理解其深意和每一段的要义，并为实现目标而努力。

教材是个例子

这是2017年暑假我在省会郑州参加新教材培训时写下的对新教材的认识和感悟。在欢迎新课标指引下的新教材到来的今天，我想这篇文章依然具有很重要的现实意义。

教材是国家意志的体现，每一次教材变化的背后都蕴含着时代发展对人才的要求。教材的变化对任课老师来说既是机遇又是挑战。一次培训、一天讲座也许不能给每个人带来瞬间的变化和提升，但是培训给人的启发是潜移默化的，可以带给我们理念的更新和应对挑战的心理准备，还有后续实践中自己的内化和琢磨。

教材新喜、生命气息。

编排新。随手翻开七年级上册《道德与法治》新教材，统观其编排体系，对照课标，新鲜和喜悦，溢于言表。本册书共设置了四单元十课二十一框内容。新教材的编排一改往年版本的逻辑顺序，焕然一新，从"成长的节拍"到"友谊的天空"再到"师长情谊"，最后落点为"生命的思考"，单元设置符合课程标准中"不断扩展的学生生活"这一主题要求，符合初中生的生理和心理发展需求。教材的呈现也让人眼前一亮——印刷精美，语言优美，教材内容贴近学生、贴近生活、贴近现实。栏目的设置新颖，符合学生身心发展特点。每框都以"运用你的经验"栏目开始，以"拓展空间"栏目结束。其间主要为"探究与分享"栏目，间有"相关链接""阅读与感悟""方法与技能"栏目。其中，

"运用你的经验""探究与分享""拓展空间"为主要栏目，其他三个为辅助栏目。教学活动基本按照主要栏目进行，辅助栏目是为"探究与分享"栏目活动所得结论的理解、践履服务的。正文则作为正确价值引导，言简意赅、观点鲜明、学生视角。

生命味。散发油墨香的七年级上册《道德与法治》新教材，还蕴含着一股清新奔涌的生命成长气息，催人奋进。每个单元每一课都设置有以生命成长为主题的温馨导语，似母亲的叮咛，如老师的教诲，温暖心扉，润物无声。教材用学生的视角思考和表达，充分发挥学生的主体作用，通过精心设计的问题，使生生之间、师生之间进行交流对话，引发学生的思考，激发学生情感。整个教材注重学生的主体地位，教材编排的内容都是七年级学生想说的话、想做的事，都是学生生活的重要组成部分，都是围绕学生的成长展开，以成长为核心，涵盖、整合有关学习、自我探索、交往和生命的话题，注重学生已有经验、情感体验，养护学生心灵，彰显人性光辉。教材多处行文使用思想深邃、语言凝练的古文句或说文解字来表达，将中华优秀传统文化中的精髓融入教材，以完善和拓展教材的思想性、人文性与艺术性，让学生感受到身上流淌着民族文化的血脉，用文化滋养生命。

价值观。七年级上册《道德与法治》新教材，以社会主义核心价值观为价值引领，并在不同单元有具体呈现，让核心价值观的思想光芒进入青少年的精神世界，照亮生命。如在"少年有梦"中谈到"少年的梦想，与时代的脉搏紧密相连，与中国梦密不可分"，把个人梦与中国梦有机对接，这不仅激发了学生的爱国情感，更重要的是蕴含了社会主义核心价值观在公民个人层面的"爱国"这一价值准则。在"网上交友新时空"中隐含着对诚信这一公民个人层面的价值准则及其复杂性的思考；在探讨生生关系、师生关系、亲子关系、朋友关系时，都从不同侧面和角度落实友善这一价值观的教育；在"感受生命的意义"中从敬业角度引导学生认识到在平凡中闪耀的伟大；等等。教学设计和教学归宿指向价值引领，教材的每个学习主题背后都有社会主义核心价值观的支撑和引领，由此导航促进学生不断成长。

教材善变，道法自然。

理解教材变化的时代要求，研究教材，研究教材与课标、课堂之间的关系，研究变化之后的落地生根，是每一个身处其中的教育工作者的必修课。

从教20多年以来，历经教材的种种变化，从外观到内容，从小本到大本，从全一册合本到分册装订，名称也几经改变。无论怎样变化，培养适应现代化建设需要的人才，这个初衷是不会改变的。结合自己的经验和对新教材的初步认识，我觉得在新教材的使用中应该注意以下几个问题：

（1）学习课标，尊重课标，应用课标。新课程标准的制定体现了立德树人根本任务和中国学生发展核心素养的要求。课标是统领，教材是载体，教师是主导。我们不仅教知识与技能、过程与方法，更重要的是把一种文化、一种文明传递给学生，对于道德与法治课来说，情感、态度、价值观是第一位的。

（2）统揽教材，从整体上把握教材的整体结构和要体现的理念。把握教材以中学生逐步扩展的生活为主线的纵轴和融合心理、道德、法治、国情等内容的横向联系。教学要从学生的生活经验出发，通过引导学生进行探究与分享，最后得出正确的观点，而不是简单地告知对错。在课堂上进行平等、开放双向的生生之间、师生之间生命与生命的对话，在对话中探究思辨、思想交锋、交融，进行道德判断和道德选择，在教师的引导下形成共识，实现正确价值引导。

（3）正确对待新教材里的新观点和新认识。"中学时代是生命馈赠给我们的成长礼物""学习即生活""中国人的家""亲子冲突是一种互动方式""生命可以永恒吗""向死而生""身体生命的接续和精神信念上生命的接续""感受生命的意义"等，这些观点可能需要我们老师加强学习，提高自身认识和综合素质，才能准确把握和有效引导。

另外，对学生进入中学时代的看法，是崭新的认识和观点。原来人教版或粤教版教材是引导学生认识中学与小学的不同，再归纳出其变化特点，而后都会提醒学生要尽快适应否则就会落伍，甚至被淘汰。整体上感觉学生处于压力、紧张的状态，还有许多成长的烦恼。但新教材在第一单元的导语中写道："生命好像一场旅行。进入中学阶段，展现在我们面前的将是怎样的风景？""旅行""风景"给人的感觉就是美好、享受、向往，也意味着不同。它传递的是"看待成长的立足点是积极的"。在一段描述后，写道："让我们一起享受成长，享受中学生活，享受生命的馈赠！"这就引导学生积极看待自己进入的中学时代，期待这一时代的展开。而后在第一课的导语中再次表达了这一观点，让学生一开始就对自己的成长、新的生活充满一种积极向上的认识。教材进一步在第一框"中学序曲"中通过一系列的"探究与分享"，辅以"阅读与感悟""相关链接"等内容，引导学生认识到中学时代是一个新起点。这意味着很多事情可以重新开始，予以改变。这应该是一种高兴、喜悦、积极的态度和出发点。

（4）加强传统文化的学习。新教材中大量使用了中华文化的优秀成果，对于传承中华优秀文化，增强文化自信和认同，无疑具有积极的意义。但对于我们自身而言是个不小的挑战。如第一课《中学时代》谈到少年要立志，"相关链接"中引用《格言联璧》中的一段话："志之所趋，无远弗届，穷山距海，不能限也。志之所向，无坚不入，锐兵精甲，不能御也。"接着，正文直接引用"功崇惟志，业广惟勤"，勉励学生不仅要立志，还要勤奋，不断地努力；第二课《学习新天地》中通过对"学"和"习"的造字解读引发学生兴趣，启发学生思考。这些新的内容也对我们提出了新的要求，需要教师补补传统文化的课。

叶圣陶先生说过，教材是一个例子。

如果你初入教坛，你就"教好教材"，就把教材理解透彻，按教材的逻辑思路实施课堂教学，学生就会喜欢上你的课。因为教材是最好的例子。

如果你有一定经验，心有余力，你就"用教材教"，充分挖掘、展开联想、举一反三，精选时新的同类资源，做好教材、学生、课堂、教师四维空间的统一，学生会更喜欢上你的课。因为教材只是一个例子。

如果你是一位研究型的教师，那你就研究教材，挖掘教材的深度，拓展教材的广度，还可以开发配套的校本教材，学生会赞叹你的课，你的育人目标就会实现。因为教材无非是一个载体，仅仅是一个例子，而作为教师的你就是最好的课程资源……

道生一，一生二，二生三，三生万物。求道、知道、明道、悟道，通往道的路径千万条。以生为本，道法自然。

道德与法治课老师不是思想家，但一定是思想者，是课堂教学的实践者，让我们在转变观念中研究教学、研究教育，在更新思路中思考教学，在大胆实践中破解难题，在传承与创新中用好教材，让道德与法治成为学生成长的双翼，让道德与法治课堂为学生的生命奠基！

钻研教材是教师的第一要务

随意记录和思考，探寻课堂的奥妙。

在理发店里，偶遇一位1998届初中毕业的学生，我怎么也想不起来她的名字，而她却能清楚地说出那时我上课的样子。那一二十年间只要在那个学校上到毕业的学生，几乎我都教过。所以学生很容易认出我。

这个叫阿霞的学生已经40岁，是4个孩子的妈妈了，她说自己是当年班里安生却成绩平平的那一类学生。我说这一类学生成年后幸福指数较高，只要踏实肯干依然能过得很好。看来的确如此。她说，老师，那时同学们很敬佩你。当年你一上课就把我们"镇住"了。你对课本是那样熟悉，把课本背得滚瓜烂熟。喊一声"上课"，就开始讲起来，新鲜的故事吸引我们的眼球，时政新闻开阔我们的眼界，你从来不看课本，教材似乎就在自己的脑海里，同学们无论问你什么、提到什么，你都能随口说出在教材的哪一页，考试猜的题目也那样准确……

我说："没什么，这都是一个老师应该做的。"当老师是一个良心活儿，能让同学们多得一分是一分，能改变一个是一个。

店里的其他人，看她对老师这么记忆犹新，而且这么声情并茂地讲述出来，有一个人问她，你这个老师教你们什么。只听阿霞说，教我们政治。听见那人说，我以为教你们语文呢。我的学生又说，政治很重要啊，考试也是100分。我后来一直就微微一笑默默无语了。

在世俗的眼里，政治学科就是所谓的副科，读读背背就可以了。后来开卷考试了，人们又以为抄抄书就可以了。政治在早年的中考总分值中的确是100分，后来随着课程改革的深入，在中考总分中的占比相对减少了，在教育功利化依然存在的很多地方，这门学科的地位也就随之降低了。即便是在那些年占100分，其地位也是很难和语、数、英三大学科相提并论的。这样的感受只有政治学科的教师感受最深刻。其实这是对学科本质属性的极大误解，更是对学科在青少年成长、学校发展和社会发展中作用的极大忽视。关于政治学科的那些重要的事儿，就好比在懂你的人群里散步，也只有在同学科的人群里才能同频。

但是，我的这位学生谈起的我早年对教材的熟练程度，真的是让我回忆起那些年教书的时光和备课的情形，瞬间让我找到了学科的自信，我只是不说而已。我也很高兴能再次碰到我教过的学生，其实有好多次碰到我当年的学生，而且都还不是那时所谓的好学生，令他们记忆犹新的课堂趣事之一就是我上课不看课本了。

学生哪里知道，政治教材变是常态，这课本我在上学时也没学过，都是后来备课时备出来的。那时的课本相比现在的图文并茂来说，稍显单调。20世纪90年代，就是单一的理论性文段，也就是我们常说的大字课文。再后来，教材中加上适当的材料或数据来力证理论观点。背观点找关键词，背材料联系理论，备拓展会联系，备习题找题眼，还有备学情提问准确。因为我始终坚持一点，教师钻研好教材是上好课的前提。教材不熟悉，就产生不了联想，就无法联系生活，就无法找到题眼，就无法确定教学目标、教学流程、教学方式和教学评价的形式等。

记得那时政治老师很少，一个人经常教一个阶段，四个班、五个班，或者六个班。每个班的正课虽然看着不多，就2~3节，还有每周每班两节的晚自习，但加起来就很多了。春期复习的时候还有早自习。记得当时我的孩子很小，每到晚上，把孩子哄睡后，干完了家务，我就开始拿起课本看呀看、想呀想。那时也没有什么教辅资料，甚至刚开始的几年就没有见过教学参考书长什么样，只能凭着自己的理解，解读课文，把课文理解透了，再来设想怎样教会学生理解课文。于是就把平时的所见、所闻、所读融合在教材里。于是，就有了旁征博引，就有了趣味性和科学性的思考。

时间快进到二十多年后的今天，教学理论丰富，教学模式多样，教辅资料的及时，新时期学习者的特点不同，信息化与课堂相融合等，我们达成教学目标的途径也多种多样，尤其是现在的年轻教师，技术好，做课件的能力强，上课辅助手段多。但我还是觉得，无论怎样，教师上好课的前提是钻研好教材。只有这样，才能上出形式和内涵兼备的课，这是一节好思政课的标配。

著名特级教师于永正，对钻研好教材有一句这样的话，让我深受启发："这法儿那法儿，钻研不好教材就没法儿。"如果一个老师连教材都没吃透，那么教学目标和教学重难点的确定将会偏离方向，再好的教学方法和其他链接材料都会失去附着的载体，再先进的教学手段也将变成没有内涵的浮华摆设。

苏霍姆林斯基在《给教师的建议》中，关于教材的首次学习，有这样的话：学生学习落后和成绩不佳的根源之一，是对教材的首次学习学得不够好。深以为然，苏霍姆林斯基讲的对教材的首次学习就是我们说的上新课时，教师引导学生理解教材从不知向知，向想理解事实、现象、品质、特征的实质迈出的第一步。他还说道："学生在学习新课时对教材理解的深与浅，关系到非常多的问题。关系到随后的新概念、新真理。还有一条重要的规律是：学生的意识中，模糊不清和含混肤浅的观念越少，他感到的落后压力就越小，在思想上他对首次学习新材料就越有准备，课堂上的脑力劳动就会越有成效。"

由此可见，教师钻研教材意义重大。教师要把带领学生学习教材的新课上成特别的一课，力求让学生理解好教材背后承载的意志，培养学生的思考力和理解力，这才是学习的目的。有了这个过程，学生的成绩和必备的素养自然就会提升！

钻研教材是思政课教师永远的基本功

教材不仅是一个例子，而且是最好的例子。钻研教材是上好课的前提，道德与法治课教材与时俱进、常讲常新，钻研教材是道德与法治课教师永远的基本功。

2021年3月23日，中学组一行去上屯二中进行教学视导，有机会听了一节八年级道德与法治课《公民的基本权利》。执教这节课的是一位年轻的女老师，这位老师教态端庄大方，课堂轻松自如，有着天然的亲和力，具有成为一位好老师的内在素养和潜质。课后交流的时候欣赏与鼓励自然溢于言表。在场听课的老师们也给予这节课很多的肯定。而后我从教学新理念的贯彻、课堂环节的设计、教学内容的处理、学生活动的设计、学生的学习状态、教学基本功等方面和老师们进行交流。

回来之后，我回忆之前所听的一些老师尤其是年轻老师的一些课，思索一些老师常与我交流的课堂教学中的困惑，总觉得有一个观点要给老师们分享，那就是钻研教材是道德与法治课教师永远的基本功。

一、钻研教材的基本要义

钻研教材是教师进行教学设计中一项很重要的工作，是备好课、上好课，达到预期教学目标的前提和关键。教材是课程标准中相应部分课程内容的物化形态，是教师教好学生借以获得课程经验的中介和手段。

初中道德与法治课是初中学段落实立德树人根本任务的关键课程。

道德与法治课教材承载着国家意志，教材的一些理论观点相对枯燥，有些课文或段落、观点、案例等，我们看一遍就可以理解它的含义及其承载的教学价值。但有些课文段落或句子，我们看几遍也未必能准确理解其含义。钻研教材有助于掌握教材的逻辑体系，理顺知识体系，做到前后照应、融会贯通。知识的联系不仅局限于一节课内，而且体现在课与课之间及前面所学知识之间，因此，只有全面熟悉教材，掌握教材，才能上好一节课。

二、钻研教材的一般做法

首先是要有课标意识。要研读课程标准，弄清楚所教课程的特点和要求，理解课程的性质和基本理念。了解所教课程的总目标和学段目标，以及学生应达到的学习程度的基本要求。明确所教课程的总体设计思路，熟悉教学和评价建议、课程资源的利用与开发建议等。吃透课程标准的精神和基本要求，既可以使教师通观全局厘清主线，掌握教材编排体系和内容板块的设置，也可以为合理制订教学计划奠定思想认识上的基础。

其次是要有课程意识。充分领会教材的编写意图，了解整个教材的基本内容，了解教材的各个部分在整个学科、本册书、本单元、本课、本课时中所处的地位。之后结合学情，才能分析出一课时的教学目标、教学的重难点和关键。这样的课程意识和整体性教学的理念，有助于教师对教学内容进行科学设计，基于教材而不拘泥于教材。同时，在钻研教材的基础上，开发、选择必要的新颖的教学素材，以丰富教学内容，激发学生学习兴趣，促进学生有效学习。

三、研读教材的一般步骤

第一步，通览全册教材，俯瞰全局。从整体入手，运用系统论的观点，通览全册教材编者的思路，依据编者的思想来学习研究教材，这样容易把握教材的基本思想，认识教材的基本面貌特征。在了解教材基本面貌的基础上，对所教教材在全册教材中的地位和作用会认识得更清楚明白，容易认识教材在各部分的内在逻辑联系和支持联系。教学时能前呼后应，有的放矢。具体做法：要对所教学科的全套六册教材进行初读，浏览一遍教材的主要内容，了解全套教材共有几册几单元几课、这些内容之间有什么联系，以及教材编排的逻辑顺序有什么规律。

第二步，通读某一册教材。在新学期开学之前，通读所要教的某一册教材。通过通读全册教材，全面了解全册教材有哪些教学内容，要让学生学习哪些基础知识、具备哪些基本技能、学会哪些方法、养成哪些好的习惯和素养。了解各个章节各个单元的教学目标、重点、难点、易混点各是什么，每一课之间的内在联系，从而正确把握教材的深度和广度。这样就有利于在教学中科学、合理地进行教学力量的分配和教学计划的合理安排。

第三步，细读某一单元教材。统编版《初中道德与法治》教材是按主题来组织单元学习的。细读单元教材，就是要弄清楚每一单元的学习主题是什么，内容是按什么顺序编排，每单元内容又是怎样把知识、能力、方法、情感等各类目标有机融合在一起的。具体做法：研究制定适宜的单元学习目标，明确基本观点及活动栏目的操作要求，对所要讲述的单元课文或框题的教材进行疏通，对教材每一个观点、每一个活动栏目要进行逐字逐句的理解，特别是"探究与分享"栏目和"拓展空间"栏目的情境和任务，要领会其深刻的立意，并引领学生通过活动体验，感悟明理，从而内化于心、外化于行。

第四步，精读即将施教的具体一课时的教材。例如一个框题的内容，首先要理解本框题的教材内容。其次，要明确根据培养学生素养的要求，本框题设计了哪些目标、应达到什么层次。最后，从理解课文的角度，明确还存在什么问题，该怎样解决，即目标和教材文本之间还需要什么素材或资源来支撑才能有效衔接和达成。对即将施教的教材，要认真阅读、细心分析、深钻细研，逐字逐句推敲研究，需要明确以下三个问题。一是本节课要使学生明白哪些基本观点，形成哪些基本技能，进行什么样的思想教育？二是本课时教材内容有什么内在逻辑，重点问题是什么，学生最难理解与掌握的问题是什么，突破难点的关键是什么，教材每个新观点的来龙去脉是什么，各个栏目的作用是什么，如何精选和合理搭配使用？这样就能在上课时做到基于教材却跳出教材，以教材为本却又摆脱教材的束缚。三是需要收集利用哪些课外资源？这些资源是否与学生的生活联系密切，是否具有正面教育的功效，是否是新的资源，每一个资源的使用要达到什么目的，如何有效利用？

第五步，通读本课时教材。依据教师教学用书的要求和学生实际，研究教材内容的深度和广度，明确哪些内容需要进行补充，哪些内容需要进一步强调，哪些地方设置什么活动合适，怎样启发学生的思维，怎样联系学生的生活实际，怎样发展学生的能力和培育学生的什么素养，等等。

总之，只有认真钻研教材，才能做到融会贯通、运用自如，教师的思想感情才能同教材的思想性、逻辑性和科学性融合在一起，才能用自己的语言叙述和表达教材语言。这样，讲课时才能深入浅出，易于学生理解。老师们还要明白，钻研教材的目的不是解决教材到底怎么去讲清楚的问题，而是研究在学生学习的过程中怎样给予必要的指导和点拨，这样才能有效发挥教师主导作用，这也是以学定教的新的课程观的要求。

"元帅"蒙冤，极好的课程资源

教育无小事，事事皆育人；课堂资源多，用心随采撷。

翻看那年的教案，当时随笔记下的小事，如今看来颇有意思。

"元帅"名叫袁帅，是我几年前所教毕业班级中的一名学生，担任三年级（4）班政治课代表，学习成绩优秀，为人忠厚老实，经常帮助同学，人缘很好，大家都叫他"元帅"。

那年12月的一个下午，在他们班的政治课上，我打算上习题课，讲讲《基础训练》。

由于前一天学校检查了作业，发作业时，"元帅"发现有5本《基础训练》找不到了，我也误认为是有人专门不写作业、不交作业。课间在办公室闲聊时不经意间说了出来，谁知班主任随即到班里数落了"元帅"一顿。要知道，作业交不齐是要扣班级量化分的，班主任有可能还要接受批评。

当天，我到学校后突然想到，一般情况下，学生不会不交政治作业，会不会是检查作业时抽出来后没来得及放回原处？于是，我到教导处转了一圈，果然在桌子上看到了三年级（4）班的5本《基础训练》。

一到班里，我就告诉大家5本《基础训练》已经找到。学生七嘴八舌地说，班主任批评"元帅"了，"元帅"还哭了等，纷纷为"元帅"鸣不平。

课代表被冤枉了，如果处理不好，就会让他丧失学习的积极性。如何安慰？这不就是活生生的课堂资源吗？

我连忙说："同学们，我们在第一单元学过的课文里有个重要的观点——承担责任往往要付出什么？"

学生齐答："代价。"

我又接着问："承担责任，要付出的代价有哪些？"

学生齐答："时间、精力、金钱、惩罚，甚至责备等。"

我接着说："同学们，我不经意间与班主任聊起大家的交作业表现是不恰当的，我们没有做细致的调查研究，使'元帅'同学受到无辜的批评，这就是'元帅'作为课代表承担的代价——时间、精力，还有责备。我向大家表示歉意……"

当时，学生听得都很认真，教室里很安静。我相信，那一刻，学生对承担责任的代价，有了真实的理解和感悟。

"'元帅'蒙冤换取了全班同学对责任代价的理解，同学们以后作业更要认真完成，及时上交。"我趁机又讲道："你们长大后，在工作和生活中也会有被他人误解的时候。这时要冷静对待，找机会解释，学会沟通，或者做好自己让时间来证明……"

"元帅"蒙冤是生活的经验，是青春的历练，是一个重要的课堂资源，更是给了我一个提醒和工作反思的契机。

我一贯奉行"我的课堂我做主"，不轻易在班主任面前反映学生的课堂表现和学习情况。这件平凡的小事提醒我，作为科任教师保护了学生的自尊心，会得到他们的深深爱戴。试想，如果我不趁机引导学生，就可能会使"元帅"在班级失去威信，没有了工作的信心，甚至会对学习这门课没有兴趣。

"师也者，教之以事而喻诸德也。"不怕丢面子，教师要用爱心尊重爱护每一个学生。教师犯错了也要勇于承认，课堂才会更加和谐、温馨。

上篇　课程理解

教室是允许出错的地方，教师和学生皆如是。课堂上，教师应超越规章制度和分数，以生命在场的姿态，点化、润泽、唤醒学生；上真实的课，不作秀、不跟风，让每一个生命在教室里都开出一朵自由的花！

（本文发表于《中国教师报》2018年4月25日第5版，本文有改动）

思政课教师在党史学习教育中的
使命担当

中国共产党的历史是中国近代以来最为可歌可泣的历史篇章，是新时代铸魂育人、丰富生动的好教材。党史学习教育对正处在"拔节孕穗期"的青少年学生尤为重要。而思政课作为落实立德树人根本任务的关键课程，在对学生进行德育方面具有关键作用，在加强学生党史学习教育方面具有先天优势和独特价值。中小学思政课教师可以把德育与党史学习教育相互融合，引导学生扣好党史学习教育的"第一粒扣子"，让新时代的党史学习教育活动大放异彩。

一、研读教材，让党史学习教育"活"起来

思政课是进行党史学习教育的重要载体，在现行的中小学思政课教材里，无论是义务教育阶段的《道德与法治》，还是高中阶段的《思想政治》无不蕴含着党史学习教育内容，是思政课堂开展党史学习教育的宝贵资源。

比如《道德与法治》一年级下册《我们有精神》一课，有升旗仪式的图片、歌曲《没有共产党，就没有新中国》等内容；五年级下册第二单元《百年追梦复兴中华》，介绍了中国共产党领导人民积极反抗列强侵略，建立新中国的光辉历程；八年级下册第一单元第一课和第三单

元第五课第三框《基本政治制度》等内容涉及了中国共产党的性质、地位、根本宗旨和我国的政党制度等；高中《思想政治》必修二《政治生活》介绍了中国特色社会主义最本质的特征是中国共产党的领导。这些内容都是显而易见的党史学习教育的绝佳教材。只有党史学习教育与思政课程同向而行、共同发力，党史学习教育才会显得更加鲜活。

热爱是最好的老师。思政课教师要结合教学内容，厚植爱国情怀，认真钻研教材，找准思政教学与党史学习教育的契合点，把德育课程与党史学习教育有机融合起来，引导青少年学生学史崇德、学史力行。

二、多措并举，让党史学习教育"动"起来

史之为用，其利甚博。青少年学生是祖国的未来、民族的希望，是中国特色社会主义事业未来的建设者和接班人。对青少年的党史学习教育要运用青少年喜闻乐见的多样化方法，才能收到预期的效果。

以生为本、唤醒学生主观能动性，是党史学习教育必须遵循的教学原则。思政课老师要尊重青少年成长规律，把握青少年阶段的学习特征，大胆进行"嵌入式"教学，将党史学习教育融入教学各环节，并采用灵活的教学方法、创新的学习形式，使党的理论观点深植学生心中。

在执教统编版《道德与法治》教材九年级上册第八课《中国梦　我的梦》时，为了引导学生理解"近代以来中华民族最伟大的梦想就是实现中华民族伟大复兴"这一观点，我设置了一个教学活动"千年寻梦"。在这一活动中，首先，我引入党的十九大报告中有关实现中华民族伟大复兴的内容，如"中国共产党一经成立，就把实现共产主义作为党的最高理想和最终目标"创设学习情境。其次，我设置了三个有梯度的问题，如要求学生举例说明古代中国的辉煌和近代中国的衰败，举例说明近代中国无数仁人志士探求救国救民的道路及结果，从而探索为什么中国共产党能肩负起实现中华民族伟大复兴的历史使命，促进学生深度思考中国共产党在中国革命道路上的精神和使命。最后，我引导学生

综合所学历史知识产生联想思考，在小组内充分交流，达成共识再逐步点拨，让学生感悟到"中国共产党是中华民族伟大复兴中国梦的推动者、引领者、实践者"，引导青少年学生初步感知"中国共产党为什么能""马克思主义为什么行""中国特色社会主义为什么好"等道理。

善于运用多媒体（如短视频等形式）创造趣味课堂。教师在带领学生进行《道德与法治》九年级上册第五课第二框《凝聚价值追求》的学习时，利用教材"探究与分享"栏目，播放电影《可爱的中国》《焦裕禄》等片段，让学生合作探究这些榜样人物有哪些共同的精神品质，他们为什么能打动你。在学生的思考表达中，深度挖掘党的历史上的模范人物、英雄人物的精神价值，为学生学习党史上的模范人物、英雄典型、践行新时代道德规范打下基础。让红色故事在课堂回味，红色电影片段为课堂增色，红色歌曲在课堂余音绕梁，红色传统薪火不断，红色基因在青少年的心中跃动。

理论联系实际是思政课教学的灵魂。思政课教师还可以根据教学内容和校情、生情开发地方红色教学资源，综合利用校园与社区、线上与线下、书本与生活、节日与平时、小课堂与大社会、静态学习与研学行动联动，不断为提升党史学习教育效果增加新"配方"，从而让思政课成为学校开展党史学习教育的主阵地。

三、开阔视野，让党史学习教育"热"起来

心有所信，方能行远。青少年时期是人生观、世界观、价值观形成的关键时期。加强党史学习教育对其健康成长意义重大。然而，由于受年龄和阅历限制，不少青少年对党史知之不多或者不深，缺乏党史学习意识，没有良好的读史习惯。

如何让党史学习教育真正"热"起来呢？除了对学生进行必要的宣传教育、课程融合，学生还必须通过自觉的学史读史活动，并持之以恒，方能厚植党史素养基础，涵育爱党爱国情怀并内化于心、外化于

行。思政课教师要运用恰当的教育方法，激发学生兴趣，培养学生学史悟史的热情。比如，可以在班级或学校开办建党百年师生读书沙龙活动或系列读史活动，如读一本党史经典书籍、录一段读史音频、讲一个读史故事、写一篇读史感文，教师还可以开发适合本地本校中小学生阅读的党史读本。在丰富多彩的师生共读活动中引导青少年学生知史爱党、知史爱国。让党的光荣历史滋养师生的心灵，让师生的心中永驻爱党爱国情怀。

回望百年路，奋斗最青春。中国共产党的一百年奋斗历程、辉煌成就和宝贵经验是激励、教育、启迪青少年的鲜活教材。思政课教师要有打"持久战"的决心和信心，站高看远，广阔视野，扎实推进，让党史学习教育在校园、社会、师生心中成为热门学科，引导青少年学党史、颂党恩、跟党走。要勇担使命，启智铸魂，为党育人，引导青少年学生把党和国家苦难辉煌的过去、日新月异的现在和光明宏大的未来贯通起来，迸发出为实现中华民族伟大复兴而奋发有为的信心和动力，接过历史的接力棒，与祖国和时代一同前进！

（本文发表于《河南教育（教师教育）》2021年第5期）

微笑，是老师最好的妆容

几年前，我看到一位学生在她的QQ空间写的回忆初中生活的文章，于是我就随心写下一篇，回忆我和学生在一起的点点滴滴。点点滴滴是美好，课堂铭记师生情。

一、柔风暖课

作为一个老师，最快乐的事是上课，上和学生融为一体的课，享受"不以物喜，不以已悲"的忘我；最幸福的事是看到自己所教班级的学生开心欢喜，并取得好的成绩，长大后在社会上站稳脚跟，找到自己理想的爱人，时时汇报他们的踪迹，享受"亦师亦友"般美好的情谊。

晓林是我当年教的毕业生中的一个，云南大学毕业，现在昆明工作。她工作认真负责，小有成就，小孩已将近四岁，是家中的贤妻良母。这个热爱生活的女孩经常把一些生活感悟、育儿经验等用心、用笔记录下来，贴在QQ空间里。

那一抹如柔风暖阳般的微笑，让我感到关爱，给予我前行的力量！

……

那微笑，来自我的初中政治老师——

在第一节课上，我原以为，她会跟其他老师一样站在讲台上严肃地跟我们强调课堂纪律，所以我们都紧张地等待着。后来她开口了，开口之前嘴角微微上扬，弯成一道美丽的弧线，她说："同学们，在我的课

上篇 课程理解

上，你们不必拘束。只要喜欢，你们想保持什么姿势就保持什么姿势，坐桌子上也行，趴到桌子下面也行……"课堂上一片哄笑。剧老师笑眯眯地看着全班沸腾了的学生，像一个慈爱的母亲用溺爱的眼神看着自己的孩子……

当然，习惯了纪律约束的我们，不会真的趴到课桌下或坐在课桌上学习，只是在政治老师的课堂上，我们少了些束缚、多了些自由。我们可以自由地提问，可以大胆地回答，不用担心做错了、答错了会受到嘲笑或严厉的惩罚。那个时候，上政治课当真是一种享受……

一个20世纪90年代末的乡镇中学的老师，竟然有这么大胆前卫的想法，真是不可思议。待我长大后，读的书多了起来，才发现剧老师的教育思想竟与一些大师的思想不谋而合。比如周作人在其文章中说过，读书不必拘泥于形式与姿势，只要有兴趣，随时可读书，站着读、坐着读、蹲着读，皆无不可。又比如林语堂在其所作的《论读书》一文中说："一人要读书，则澡堂、马路、洋车上、厕上、图书馆、理发室，皆可读。"读罢掩卷，对剧老师的敬佩油然而生。

俗话说"子不嫌母丑"，套用一下，可以说"生不嫌师丑"。今天看到好友空间里晓林写的这一篇随笔，虽然有点夸张和溢美之词，却也颇为感动和自豪。十八年过去，她竟然还记得往昔的课堂和她的初中老师，且不是教"主科"的老师。

我所教的学科民间通俗的叫法是初中政治课，自2016年秋起，我国义务教育阶段统一更名为"道德与法治"。早期不同年级还叫过"青少年修养""法律常识""社会发展常识""思想政治"等名称。一听这些说法，大概也就知道了它的学科特点和在学校领导及其他学科教师、学生心中的地位，特别是在应试教育扎扎实实的年月里，道德与法治学科经常被边缘化，它应有的德育功能和学科魅力难以得到有效的发挥……

作为一个"专业"思政课老师的我，在刚毕业那两年，也做过学校的"万金油"，在教本学科课的同时，还带过初三毕业班的历史、地理课，并经常被领导要求转换成所谓的主要学科。由于我一直坚持自己的专业，终于能一直坚守自己的课堂，且大胆地在自己的课堂上尝试一些自己认为能调动学生学习积极性的好办法。

晓林说的那一招是其中之一。教我们这个学科的，一般上课是上午三四节或者下午第一节、第四节等不太好的时间，学生经过了"主科"的学习之后，身心稍显疲惫。当我走进课堂，看见学生一副无精打采的样子时，不发火、不用教鞭敲桌，而是用心调动他们的学习兴趣，我给自己的要求是每一节课都会有一个好的"序幕"——精彩的导入，来吸引学生的眼球。

比如学生背书不会，问题不理解，我一般不大声呵斥，只是微笑着给一小小的"惩罚"，让他们到办公室给老师或同学们烧开水，并提供微笑的送茶服务；或者微笑着说出与教材知识联系紧密的一首歌并清唱一句；或者微笑着背会下一个任务。而每当这些时候，同学们也总是不自觉地由大笑变为微笑，再变为凝思默想……

这些好办法也真是屡试不爽，学生的积极性被调动起来了，课堂氛围活跃起来了，学生的思维能力增强了，成绩也提高了，有了学习的自信心，学习态度更端正了，人也更加积极向上了。

这样的课堂受到了学生的欢迎，我的课堂我做主，微笑的课堂更有序。我基本做到了，叫他们笑就笑，不想让他们笑了，就能马上让他们收住。

那时我对课堂有着这样的向往：想让我的政治课堂如春风，温暖拂面；想让政治课本中的道理如春雨，温润如丝；想让党和国家的方针政策如阳光雨露，随风潜入夜，润物细"有"声。

二、爱的底色

读着学生回忆初中生活的文字，我的脑海中映现的是对教育教学生涯美好的回忆——

　　我是在千军万马挤独木桥的20世纪80年代末考上师范院校的，勤劳乐善的父母给我心灵播下爱的种子，宽松的成长环境培育了一颗"童心"，那时觉得教师这个职业比较适合自己，高考填报的只有一个志愿——当老师。工作以后每到写政治思想工作总结时，里面的那一句——热爱教育事业，真是发自肺腑的话语。

　　上学时教我们专业课的教授，被同学们亲切地称为"马列李""马列范"。远远看到系里的一个四五十岁的女领导万老师朝教室方向走来，同学们知道她是来给某些同学做思想工作的，或者是到班级来调查什么情况的。有同学就大声喊道："马列主义老太太来了，马列主义老太太来了。"教室里迅速就安静了下来。

　　1990年秋天，我带着在学校学习的教学理论和满腔的爱心投身教育事业。此后的年月里，素质教育提得轰轰烈烈、应试教育却做得扎扎实实。面对一个倾注心力，现实中却被叫作"副科"或"小学科"的学科，我的内心总是在反思、在选择。总想找到一个既能提高学生成绩又能全面提升学生素质的结合点，从而让学生喜欢我的课进而喜欢我的学科，更不想等老了也被学生称作"马列主义老太太"。

　　所以，从教之初，我总是在教学中努力为学生创设乐学情境，使他们在快乐中学习。我不赞同学海无涯苦作舟，我给学生说的是"书山有路巧为径，学海无涯乐作舟"。记得那时我对自己的要求是，每节课要给学生新鲜的"东西吃"，要让枯燥无味的"政治课"成为学生求知的乐园，追求真善美的殿堂，要让社会主义理论悄无声息地注入学生的心田……

　　随着新课程改革的推进，"以学生为主体，发挥学生的主观能动性"显得尤为重要。思政课要晓之以理、动之以情、持之以恒，才能导之以行，思政课老师要倾注更多的爱心，尊重学生主体，包容学生课堂的言行，用爱心让学生感到快乐，从而产生更强的求知欲望。即用爱唤醒。

探索着、实践着给自己的课堂涂上爱的底色，力求使每一位学生获得发展。我常常想：学生天赋不同，生长环境不同，差异是客观存在的。有些学生尽管很努力，但学习成绩一时难以进入甚至在一段时间内都不可能进入优秀行列，很可能还要排在后面。在课堂上充分尊重差异，为了整体的提升和进步，我经常布置不同内容层次的作业，让每个学生完成预定的学习任务，并获得不同程度的进步，从而取得班级整体的提升。为了让我教过的每个学生都学有所获，在未来社会里享受文明的光芒，我经常给不同的学生做思想工作，前面提到的学生晓林曾经有一段时间出现了迷茫和彷徨，被我适时发现。让学生在师爱的沐浴下轻松、快乐地学习和生活是我无声的信仰。

我国著名教育家夏丏尊先生说过："教育之没有情感，没有爱，如同池塘没有水一样。没有水，就不能成其池塘；没有爱就没有教育。"爱是一种尊重，爱是一种责任，爱更是一种境界。给课堂涂上爱的底色既是理性的思考，也是一种内功的修炼。只有把我们的爱播进学生的心田，学生才会敬你、信你，才会在你的引导下健康地成长。

涂上爱的底色的课堂，是允许出错的地方，是温馨与和谐的港湾；涂上爱的底色的课堂，是师生面庞始终洋溢着微笑，共同享受生命美好与成长的殿堂……

三、笑着做老师

我所教的思政课还是通俗地称作政治课吧，是为初中生思政健康发展奠定基础的一门综合性的课程，具有思想性、人文性、实践性、综合性等特点，初中生逐步扩展的生活是课程建构的基础，帮助学生学习、做负责任的公民、过积极健康的生活是课程的追求，坚持正确价值观念的引导与启发学生独立思考、积极实践相统一是课程遵循的基本原则，也是新课程的基本理念。

这样的课程性质和特点决定了教材内容的与时俱进。有专家戏称：

上篇　课程理解

政治教材是一年一小变、三年一大变，说好不变了，文件又来了。面对不断变化的"教材"和日新又新的教育对象——学生主体，初中政治教师唯有不断提升自身专业素养和为师的本领，才能适应新形势的要求。

过去我们常将思想政治课教师称为"马列主义老头、老太太"，原因就在于其思想僵化、古板，缺乏亲和力。其实，无论过去、现在和将来，作为思想政治课教师，一定要有亲和力，这样学生才能喜欢，才能与你有效沟通，才能达到教育效果。

我觉得微笑是增强教师亲和力并提升人气指数的不二法宝。

微笑传递着友善、关爱、温情和宽容，更有对学生的信任和鼓励。在平淡的教学生活中，一抹微笑犹如一道阳光，能融化心灵世界的冰冷，也能温暖自己的心田。也许生活和工作的忙碌与疲惫，让我们与学生的交流变得迟钝和程式化，但一个充满爱心的微笑，就能展现教师的真诚善良，拉近与学生的距离，课堂上我们与教材、与学生、与环境、与时空的对话就会变得富有意义，我们的课堂就会点亮他人，同时点亮自己……

有人说："女人出门时若忘了化妆，最好的补救方法便是展现你迷人的微笑。"愿自己在寻常的日子里，带上微笑，优雅从容，行走在温暖的课堂里。愿我们微笑着，做老师——

学生眼中的政治老师

"一千个读者就有一千个哈姆雷特。"不同的学生眼中对政治老师有不同的描画。政治老师到底该是什么样的呢?

政治老师应该长着一张很"正"的脸,有时候,像阳光般灿烂,有时候,如月光般静谧;有时候忧国忧民,有时候义愤填膺,但始终满腔热情。相信,学生的心灵是一片柔软的土地,梦想的种子已经悄然撒播下去,用心地呵护、浇灌,静静地期待——生根、开花、结果。

眼睛,清澈如水。无论年龄,不分性别。年轻老师的,可以像童话一样迷人,看万物欢欣;年长老师的,能穿越时空,洞察古今。政治老师的眼,有时似带着放大镜,观世界风云,赏自然花香;有时似带着显微镜,辨别世间纷扰真假,判断万象美丑是非。

声音,不一定天生悦耳动听,但一定修炼得抑扬顿挫、起伏有致,能讲出最美的中国故事,发出独特的中国好声音;能和少男少女一起唱响青春之歌,让课堂跳跃欢快的音符。

嘴边,常挂微笑。夏雨冬雪、春寒秋霜,微笑是政治老师最美的妆,恰似课堂上吹过和煦的风。

政治老师应该读过很多书。阅读是通向终身自我教育的佳径,政治老师的阅读面要宽而深。政治课堂是池塘,政治老师要不断地为之输送活水。教学政治课,不仅要有观察力、思考力,还要培养学生的阅读力,引导学生通过文本找规律,透过现象看本质。政治老师读有字之书，方能在课堂上纵横驰骋，联通内外，有观点，有高度；政治老师读无字之书，才能带学生走向自然、走向实践，课堂才能和社会生活融合在一起，有温度，接地气。须知"理论是灰色的，而生活之树常青"。

政治老师也可以文艺范，一边教书一边美。用美好塑造美好，用快乐培育快乐。我有一个好友叫路俊蓓，是位政治老师。她爱生活、爱教学，家庭、事业有条不紊，淡妆浓抹总相宜，课堂散发独特魅力。学生对她的课宠爱有加，称她是"女神"，我称她是"政治老师最美的样子"。就像课堂里彰显学生主体一样，生活里处处有对人的尊重和鼓励。好老师不仅要在课堂上讨学生喜欢，在校园获同伴称赞，还要做到家庭和事业的和谐统一，如此才能实现好人、好课、好人生。

新时代的政治老师，应不再是"马列主义老头、老太太"，而是每天上课穿上得体的服饰，从容优雅地走进教室，踱步于三尺讲台，和学生融为一体，游弋于古今中外，让思维火花飞溅，让思想和谐共生。与学生一起营造课堂里该有的"绿水青山"。

知识是无限的，而一个人获取的知识是有限的，获取知识的方法更重要，所谓"授之以鱼，不如授之以渔"。如果一个人没有学会如何做人，他所学的知识是无用的，这些知识甚至会被当作危害他人和社会的工具。从这个意义上说，思政课的首要价值是育人。学生能否上好政治课，关键在政治教师。教书育人是政治老师的天职，但我们在育人方面，做的还远远没有在传授知识方面好。

"大音希声，大象无形。"政治教育，要润物无声。政治教师要有智慧、有境界、有追求，成为爱和智慧的化身。政治老师不一定是思想家，但一定要做思想者，做教育教学的思想者、实践者、创新者，为新时代铸魂育人，让课堂为学生的成长助力，为学生的生命奠基！

育人与教书应该是完美的统一。政治课不仅教学生学习知识，还要逐步教会他们树立正确的人生观、价值观、世界观，方能使他们在前行路上始终把握好人生的方向盘。"教天地人事，育生命自觉"是对政治课教育教学的完美概括。

"于千万人之中遇见你所要遇见的人，于千万年之中，时间的无涯的荒野里，没有早一步，也没有晚一步，刚巧赶上了，没有别的话可说，唯有轻轻地问一声：'噢，你也在这里吗？'"教师与学生的缘分也是一种"遇见"。在近三十年的思政课教育教学生涯中，遇见不同的学生，遇见不一样的自己。教学相长的意义亦在此吧！立己达人，育人育己，师生看见彼此生命的拔节成长，这才是思政课最好的模样！

（本文发表于《中学政治教学参考（中旬）》2019年第9期）

上篇 课程理解

跟着苏霍姆林斯基学做好教师

——给年轻教师的建议

　　苏霍姆林斯基在《给教师的建议》这本书有一条是向初到学校工作的教师提一些建议，开篇这样说道：我记得，我在学校工作的头10年过得很慢。后来，时间飞驰得快了，而现在我觉得，一学年才刚刚开始，就好像快结束了。我谈这一点个人体验，是告诉新教师一个很重要的道理：不管青年时期的工作多么紧张不懈，总能找出时间来逐渐地、一步一步地积累我们的精神财富——教育智慧。要记住，你的20年教龄不知不觉就会到来，你会迈进一生的第五个10年，感到时间不够用的时期就会到来，那时候，你就会忧伤地说："唉，我要是知道该这样做，在青年时期就开始这样做，那么，年老时工作就会轻松些了……"

　　正如苏霍姆林斯基所言，这些年我尤其感到时间在飞驰而过，现在已到了人生的第五个10年，想挽住岁月的手，让它慢些走，等一等。甚至，有时候我在想，如果时光能够倒流，我还是愿意回到课堂上挥洒自己的青春。现在，我只能期许有志的年轻教师恣意地挥洒了。

　　前几天，应一个有情怀的校长的邀请，我去一个乡镇学校听两位新上岗年轻教师的毕业班思政课，目的是捏捏课，让她们少走弯路，让教师快速地成长。还有一层意思，如何保住在今年中考中学校学科在全县的位次。可以理解，后疫情时代，各行各业都在寻求发展的新路径，教育战线也不例外。

按照校方的安排，我听了两节年轻教师所执教毕业班的课。这两位老师都特别有情怀和担当。一位是教了两年的别学科的课，看到学校的特殊情况，主动请缨担当毕业班的思政课；另一位是今年新招的特岗教师，刚上岗，也主动担任。且今天的公开课是她踏入教室的第二节课。敢于把自己的勇气和青涩示人，以求当面指点和引领，单是这勇气就可喜可嘉。这两位年轻教师，有着诸多相似优点，形象气质俱佳，教态落落大方，一看就叫人喜欢。初为人师的喜悦和稍显青涩拘谨，课堂上的认真演绎，都让我可以找到自己刚入职的影子，"看见"她们成为好老师的潜质和学科新生力量的蓬勃生机。

在此，不谈课的具体细节，仅仅把自己给她们的建议回忆记录，期望给年轻教师一点儿教育教学的启发。

一、喜欢

喜欢自己的学科，明确学科特点和学科老师的使命。

兴趣是最好的老师。青年教师首先要建立起对所教学科的浓厚兴趣，热爱自己的学科。这是成为一个好教师的前提。我刚到学校，就从中心校领导的口中了解到，这两位老师都不是政治专业出身，但很有干劲。我期望她们对学科专业有所了解，并热爱自己的专业，向她们简单介绍了学科特点和自己对学科的理解。我告诉她们，要了解本学科与其他学科的不同，我们通过对本学科的学习和了解，能获得自身成长的特殊因素，希望她们在教育学生的同时，用学科知识滋养自身，具有良好的心理品质、道德修养与法律意识、国情意识和世界胸怀。记得当初，我对我的学生说，我们的教材就是在讲故事，你把教材当作故事书来看，就可以看出其中的故事来，看懂了其中的故事就可以悟出其中的道理，悟出了其中的道理，就知道自己该如何行动，如此而已。干一行，爱一行，才能专一行。才入职的那几年，我每接新班的时候，就会和学生有这样的对白，并告诉他们我爱自己的学科，也希望学生们热爱我们的学科。

师：什么是政治老师？

生：政治老师就是教政治的老师呀！

师：不，政治老师就是学生专业知识的崇拜者，学习方法的向导，日常生活的知心朋友。我将为之努力，希望得到同学们的支持。

建议思考：学科的四大特性是什么？要培养学生的四大核心素养是什么？思政课教师要具有哪些必备素养？你打算做一个什么样的思政课老师？你如何培养学生学习本学科的兴趣？

二、钻研

钻研自己的专业，做合格的思政课老师。

新教师在初教一门学科时，要先对教材有透彻的理解。不仅对本册教材，还要对本学段的教材进行深度学习，了解整体脉络，做到胸有全牛，才能在教授一节课时引导学生透彻理解，且必要的时候做到适当地联系前后课节。比如在讲到九年级教材第55页"厉行法治需要法德兼治"这一个要点时，如果仅仅根据教材内容讲述，不足以让学生理解清楚，需要教师联系七年级教材中有关法律与道德的知识，如果教师能够对这一内容融会贯通，学生的理解就会变得较为容易。

苏霍姆林斯基在《给教师的建议》里警示我们："学生学习落后和成绩不佳的根源之一，是对教材的首次学习不够好。……要力求在首次学习教材时，能看到每个学生的脑力劳动成果。……理解新教材是课堂教学的一个阶段。……不要害怕在每堂课上抽出尽量多的时间来掌握新教材！这将得到加倍的补偿。为理解知识而付出的脑力劳动越有成效，学生做家庭作业需要的时间就越少，下一节课用于检查家庭作业的时间也越少，而留下来供讲解新教材的时间也就越多。"

不仅如此，我们在平时的教学中也会发现，哪怕是刚刚讲过的知识，依然有部分同学感到模糊，致使在做作业或测试时，与这些知识相关的题目就不会做。究其原因，就是对知识掌握得不牢固，教材的首次学习没有做好。

过教材关是一个学科教师成长的初始阶段，也是必经阶段。个人认为，这里的教材不仅仅是狭义的"教科书"，还有课标、教师教学用书等必备的教学辅助书籍。我觉得理解教材的重要环节是教师要心中有课标，课标是国家事权，是教学和考试命题的依据。认真研读课标，找到课标与课堂之间的联系，并根据课标要求，把握课堂的深度和广度。

通过对教材的研读，教师就会渐渐理解学科教材特殊的逻辑进路和或明或暗的线索，梳理出单元、课、框、目之间的逻辑架构，并感悟到其间的内在联系，从而为上好课奠定必备的基础。否则，以己之昏昏怎能使人之昭昭。

研读课标和教材，是一个教师上好课的基础和备课的关键环节，也是达成一节课教学目标的关键。一节课的教学目标如何与学科的教育教学目标一致，就要看对学科课程标准研读得是否透彻了。如果一节课偏离了总体教学目标，就会事倍功半。教师理解透彻课标、教材、教学参考书，在课堂上通过情境—任务—活动—感悟等系列活动，达到让学生在体验中学习、在体验中感悟、在感悟中明理、在明理中导行，从而实现课堂教学目标的有效达成。如此，良性循环，就能使学生勇于冲破学习的困难，走向理解后的运用自如。课堂是提升教育教学质量的主渠道，课堂效率高，学法指导到位，考试成绩自然提升。

建议思考：初中思政学科六本书的线索是什么？明线和暗线、纵线和横线各有哪些？由几大块内容组成？有几种分类方法？课标中的内容要求和活动建议有哪些？试着把其中的内容和教材对照一下，你有哪些新的发现？

三、走心

制造"教学吸引子"，上走心的课，让学生爱上思政课。

王升在《主体参与型教学探索》这本书中提出了"教学吸引子"的概念。他说，吸引子是主体参与机制中的关键环节，它直接影响着学生主体参与教学的心理与行为，是推动主体参与发生、发展的前沿性、敏感性机制环节。

"我们把在教学场中具有一定启发性、催化性，能使主体参与得到即时性发生、发展的教学因子称为教学吸引子。教学中的吸引子相当于化学中的催化剂。"吸引子的作用在于促使主体参与的生成、完善和维持。教学吸引子是指在教学中激发学生主体参与热情，助长学生主体参与行为的各种诱因，它可以是教师富于激情的话语，可以是有趣的讨论话题，也可以是一种奖赏。没有这些吸引子，主体参与的产生就失去了主体参与外在机制中重要的一个环节。

学生是一个个鲜活的生命个体，存在着巨大的发展潜势，我们的课堂存在着无限的可能性。问题在于我们采用什么样的教学吸引子去激活、显化他们的潜能？因此，在教学中，吸引子的设计是至关重要的，没有吸引子，学生主体参与就只能存在于潜能状态。

咱们学科的教学内容具有客观上的相对枯燥性，可以说，我们的学科教学在先天上就是不太吸引学生的。而一般的教学过程都具有人为的程序性，我在教学的初期尝试实行"愉快教学法"，注意设计运用好教学吸引子，以保障学生主体参与的有效性。在教学的过程中，吸引子也具有一定的"鼓劲"作用。比如，教师的话语鼓励，小组之间的竞赛，趣味性、挑战性的教学问题等都可以是教学吸引子。

教学吸引子不仅仅是创景激趣入新课。我在初登教坛的那几年，给自己一个小挑战，即每节课都要让学生"吃"到最新鲜的东西，在导入环节，或者在结尾环节，或者在课堂的中间环节，时新的素材，喜闻乐见的歌曲和对联、寓言故事等，这些素材的运用总是给学生以惊喜。对于新教师而言，可能对教材重难点的把握和理解不那么到位、透彻，对课堂偶发事件的处理不那么智慧，然而却可以发挥我们的年龄和性格所长，与学生很快建立一种亲密链接，迅速吸引学生，从而使其生发出一种探索欲望。记得我刚入职时，由于我报到的时候是10月，课程已经学了一部分。中途接班，诸多不便。在第一节课导入新课时，给同学们是以故事的形式，结束的时候是以齐读一首小诗的形式，一语双关。三十年前的课堂，充满浓郁文化味的政治课，迅速得到学生的喜爱，以后的每一次课我都变着花样吸引学生，或在启课时，创设情境让课堂引人入胜；或在中间，让学生双方争辩，欲擒故纵；或在结尾，抖个包袱"预知后事如何，且听下回分解"。虽然在世俗的眼里，我们的学科是副科，但是我们自己一定要把"她"当作主科看待，把每一节课当作优质课来准备。这样，节节课上出让学生和我们自己都走心的课，我们很快就会得到学生的认可。

我坚信，只要学生喜欢，只要我们坚定上好课的信念，要不了多久，我们就能很好地理解教材，驾驭课堂，我们教育教学的智慧就会不断生长。上好课是教师的立教之本，更是一个教师获得学生发自内心尊敬的专业素养。

我将美国著名诗人道格拉斯·马洛奇的《做最好的自己》这首诗抄在我的笔记本上。做最好的自己，当时是启发学生的，也是告诉自己的。我的第一节课也定格在我的记忆里。

建议思考：你理解教学吸引子的概念了吗？它可以用在教学的哪些环节？你以后打算如何创设教学吸引子？开学以来，你尝试过用哪些方法来给自己的课堂增辉，效果如何？以后有哪些新的措施？

四、反思

苏霍姆林斯基还告诫我们，为了在进入老年时不后悔，也为了自己的加速成长，青年时期要做的事情很多，首先要做的应该是，一点一滴地积累教育者的智力财富和教育智慧。我认为，积累自己的教育智慧的最佳途径就是学会记录自己的教学日常。这就是通常所说的写教学反思或教学日记。

叶澜教授说过，一个教师写一辈子教案不一定能成为名师，但是，一个教师坚持写三年教学反思一定可以成为一个优秀教师。这句话道出了教学反思的重要性。每一节课下来，有哪些令自己感到满意的地方，哪些感到遗憾的地方，对于教学设计、教材处理、课堂现象的反思及改进，都是一个教师自我唤醒的内在动力。

对于这一点，我是深有体会。从教的前几年，我还没意识到教学反思的重要性，只是有时在被动地写反思，完成学校布置的任务。一个偶然的机会，我在想，何不坚持下来，看一看到底有什么变化。就这样，曾经坚持三年，有时也会忘记，也会懒惰，可以凭借记忆再补上。常常在上完课的间隙，快速用几句话记下这一节课自己最满意和最遗憾的地方，并简单思考背后的原因和改进的方向。正是这样自觉地坚持，让我能够思考自己的课堂，思考自己如何提升课堂的内涵和提升学生的成绩，思考如何在毕业班，如何在素质教育和应试教育之间，如何在课堂改革和分数成绩之间找到一个平衡点，于是，"育人育分"的概念在我脑海中出现。我的课堂既要有新课程的特点，又要注重学生成绩的提升。这样，课堂45分钟的效率要高，课下还得在不多的晚自习课上，抓牢学生对基础的掌握和对学习方法的体会。于是，"讲活扣死"的组合概念在我脑海中出现。记得有一次一位领导在备考讲座上提到"死去活来"，即只有学生对知识掌握牢固，才能活学活用。结合我们学科的特点，我觉得应该是"思趣活来"，课堂上一定要有思想、有思维含量、有趣味，道理不能"告诉"而要让学生自己感悟，教师起到一个点燃、点拨的作用。如此坚持，才会活学活用，学生的应考能力自然提升。因为现在的中考，考得更多的是思维含量，所谓的难题，是一些开放性的试题，学生的答案中要有思维活动的呈现。

在站立课堂的最后几年，我也实施了一系列的课堂实践和提分实验。月考前后，大型的考试前后，该干什么，什么时候讲做题方法，什么时候实施评价奖励，自己做到有规划、有落实。没有谁督促，没有谁要求，一切都是自己自觉、自愿的努力。别人看着成绩不错，一切很轻松。其实，自己知道自己有多努力。

闲暇时分，我把这些思考连缀成文，《微笑着开始新的一课》《走进学生的心田》《知之·好之·乐之——政治课教学的三重境界》《初高中政治课教材衔接的思考》《科学记忆政治概念》等文章，是我早先获奖或发表过的文章。这些思考的火花及获得的奖励，点燃了我教育教学的热情，也给了我不断探索课堂智慧的动力。如今，读书写文成了我的教育日常，以写促读，以写促思，以写促教，能让一个老师的成长进入快车道。

传播自己的教育教学理念和教学主张，托举教师专业成长，是一个教研员的职责和使命。如今，我把自己对学科的热爱和对教育教学事业的追求化作持续对年轻教师的喜爱和期待：小荷早露尖尖角，化蛹成蝶舞课堂。

建议思考：你有积累教学素材和教学智慧的意识吗？教学反思该怎样写？你思考过自己的课堂吗？试一试，看看会有哪些收获。

当然，要做一名受学生欢迎的教师，还要有一颗爱心、童心和事业心。相信，一个年轻教师，有了这"三心"，加上对学科专业的理解，一定能在生动的教学实践中得到历练并很快站稳讲台，成为一个受学生欢迎的好老师。滴水之所以穿石，不是水的力度，而是功在不舍昼夜地坚持。每天进步一点点，成功就会在不远处等着你。来吧，亲爱的年轻

上篇 课程理解

同行们，让我们一起——

在教海的柔波里，

撑一支长篙，

向课堂更深处

漫溯！

（本文发表于《河南教育（基础教育）》2022年第10期，本文有改动）

中篇
课堂教学

　　课堂教学是教师和学生共同的生命历程，我们要从生命的高度理解课堂。叶澜教授说："教天地人事，育生命自觉。"我认为这是对教育教学的完美概括。

　　课堂是一种聆听，这种聆听就是阳光下聆听花开的声音；课堂是一种呼唤，这种呼唤就是心灵之间彼此应答；课堂是一种影响，这种影响就是生命对生命的影响；课堂是一种唤醒，这种唤醒就是生命对生命的唤醒。

　　恩格斯在《自然辩证法》中写道："地球上的最美的花朵——思维着的精神。"是的，思维的力量是无穷的。课堂上，我们要唤醒的就是学生思维的力量吧！

爱心烹制思政"五味"课堂

——我的教学主张形成记

思想政治课承担着培育新时代优秀公民的特殊使命，是落实立德树人根本任务的关键课程。浇树浇根，教人教心，才能培根铸魂，让青少年通过学习政治课顺利度过拔节孕穗期，扣好人生的第一粒扣子。从教近三十年来，时光更迭中，教材几经变化，我始终认为思政课教师要站稳社会主义讲坛，把社会主义理论和党的阳光雨露悄无声息地注入学生心田。

闻道有先后，术业有专攻，个性有差异，不同教师对学生课堂施教的方法不同，就会形成不同的教学风格，不同教学风格的内核里蕴含不同的教学主张。

传统的应试教育时期，我在课堂上始终坚持微笑着开始新的一课，善用歌曲、幽默、诗词等精心营造温馨和谐的特色课堂。探索实施新授课"愉快教学法"，复习课"一遍清教学法"，融知识性、科学性、趣味性于一体，充分调动学生的积极性，使相对枯燥的政治课变为学生主动学习的乐园。关注学生心灵，课堂上期待每一朵生命之花都精彩绽放。

新课改以来，积极践行我们唐河县教研室提出的"学、探、测"教学模式，结合政治学科特点，在注重培养学生自学和探究能力上下功夫，关注学生品质和情感、态度与价值观的培育，善于对学生进行启发和唤醒，让学生亲历愉快的课堂。2015年工作室成立之初，我在设想工作室的12345运作模式时提出了打造"五味"课堂的愿景。当时的五味是指思想、观点、文化、智慧、尊重五个方面。

如今，基础教育进入核心素养时代。结合自己的教学实践，在长期的听评课活动中，基于教材、学生、教师、课程等方面因素，我切实感受到，新时代的思政课堂应该具备观点味、生活味、探究味、文化味、尊重味，这五味是思政课堂区别于其他课堂的基本特征。观点味是思政课区别于其他课的最基本特征，观点鲜明、思想深刻是思政课的本质特征。理论联系实际是思政课的灵魂，课堂要有生活的味道。与社会生活和学生生活相联系，看似冷面的观点就会变得鲜活。"纸上得来终觉浅，绝知此事要躬行。"道理和感悟要让学生自己从探究中获得。博大精深的中华优秀文化为思政课提供了深厚的底蕴，课堂有了文化味，更有利于思想的浸润，也增加了课堂的厚度。课堂上，师生相互尊重，平等民主，其乐融融，用生命影响生命，洋溢着希望和激情，和谐的课堂有利于目标的自然达成。

关于教学主张，我曾纠结，认为自己身处一线、学识肤浅，还不足以提出，还需要不断地思考和实践。我也曾请教导师，阐述了自己的课堂实践及理念风格，请导师帮助总结一个词。导师杨伟东主任谆谆告诫，一个人的教学主张是自己的，不是别人给你贴标签贴出来的，也不是用一个词就可以形容的，是一个人几十年课堂实践获得的他人的认可和评价。有一些教育教学专家就没有教学主张，而是别人给总结出来的。听罢深感惭愧，我更加认为，教学主张不是自己一个人可以提出的，需要用一辈子为之付出努力，是动态的、与时俱进的。

在河南省教育厅中原名师培育工程中"凝练教学主张"任务驱动下，我得以反复思考。我从"我是谁，我从哪儿来，要到哪儿去"这些最基本的哲学问题出发，得以进一步思考、梳理和提炼。于是我不断地

中篇 课堂教学

问自己："在职业生涯的不同时期，有哪些关键词支撑了我的课堂？我的课堂有什么变化？这些年来我在课堂上坚持了什么？""我为什么教这门课？我是怎么教的？"

　　教学风格和主张形成的过程是一个不断读书、深入实践、自觉反思、及时调整的过程。读书、实践、反思、研究、调整、聚焦，这应当是教学主张形成的最佳路径。在这个长期的过程中，始终贯穿着一条主线，一份深深的情感，那就是对课堂和学生的满腔热爱和对专业发展的不懈追求。"没有爱就没有教育。"爱的教育是最好的教育。用爱心烹制的思政课堂就是有意义、有意思的课堂。在这个长期的过程中，我时常思索，有没有一种课堂境界可以让师生在教与学的过程中，既有高效率，又不受拘束、自在自然呢？回想我那无数个和学生融为一体，不以物喜、不以己悲的课堂享受，我便有了答案。我认为，课堂教学的最高境界应该是思政自然，人课合一。爱的课堂就是润物无声，不知不觉，自然化育。我曾经提出一个观点：课堂深处，双向渡人，意思就是师生共同成长。这样的课堂才能是立己达人、立德树人。

　　关于我的教学主张，我不止一次地想到的关键词是爱的浸润，课堂五味。干脆就叫爱润课堂，或叫五味课堂吧。思政课上有个学科术语叫"五位一体"。那就三句话不离本行，就叫"五位一体"爱润课堂吧。此时我又想到日本教育家佐藤学《静悄悄的革命》里有个润泽的教室，润泽一词润泽了多少师生的生命啊。润泽、爱润，多么美好的向往啊！我将继续为之努力。"爱润课堂""五味课堂"，流淌着爱的五味课堂，走向学科核心素养！

　　　　　　　　　（本文发表于《中国教师报》2020年4月1日，本文有改动）

上有观点味儿的思政课

这一学期听了不少的课，本地的、外地的都有，有一个想法一直在我脑海里盘旋，想写一篇文章来记录这一思想的火花，尤其是前不久听了一节初中基础年级的课后，这个想法更深重。归结为一句话就是，要上出有观点味儿的思政课。

近些年来，新课程改革的理念深入人心，自主、合作、探究的学习方式也广泛地被应用到课堂上，教室里不再是教师的一言堂，学生动起来了，课堂的氛围也相对热闹起来了，部分教师的课堂活动组织，相当有实质内容。然而，总有一些课堂，学生自主学习缺乏应有的指导而出现学生不知所以、时间浪费、效率不高的状况，合作学习流于形式，探究活动无实质性内容，致使一节课下来教学目标的达成度甚微。

一节课要教给学生哪些学科的重要观点、重要理念，这些观点和理念需要哪些知识来支撑？需要通过哪些活动来让学生体验和感悟，这些活动又能生成哪些新的观点，这些新的观点又能给学生的心灵带来怎样的激荡？一节课能给学生思想带来一些什么样的变化，这些心灵的感悟会给他以后的生活带来什么不一样的启发？思政课是落实立德树人根本任务的关键课程，这个关键其实就体现在平时每一节课引发的学生的思想和行为的悄悄变化中，而这些变化聚拢起来就是学科在履行立德树人的使命。导引这一系列变化的重要一环就是让学生树立正确的学科理念和观点。能引起这一系列连锁反应的就是一节课的观点性。这一系列的思考，就是要上出有观点味儿的课，观点明，道理通。

这样的思考是基于以下几点考虑：

第一，是体现学科思想性的需要。现行的学科课程标准指出，思想性、人文性、实践性、综合性是初中政治课的四大特性，而思想性是首要特性。思想性靠什么来支撑，是不是得让学生掌握一定的观点来形成？如要让学生树立生命至上的观点，需要用什么样的知识来支撑，这些知识需要设计怎样的教学活动，选取怎样的教学资源，创设什么样的情境，设置什么样的问题能帮助学生一步步体会或生成？还比如，要让学生理解法律面前人人平等的观点，要用哪些知识来支撑，要设计哪些活动、选取哪些情境，架设怎样的梯子让学生来攀爬等？

第二，是实现学科育人目标的需要。现行的学科课程标准还指出，思政课程引导和帮助学生达到的目标有情感、态度、价值观目标，能力目标和知识目标。知识是基础性的目标，能力是在知识的学习、建构、内化、运用的活动中形成的，是活化了的知识的积淀和升华。情感态度价值观是在知识、技能的基础上人格的提升。近一个时期，培育学生核心素养也逐步成为课程改革的目标和靶心。无论情感、态度、价值观目标和能力目标，还是作为三维目标升级版的学生发展核心素养的培育，一个根本的基点是得让学生掌握学科的基本知识、基本观点，并让学科的理念深入学生的内心，让学科观点深深地镶嵌在学生的脑海里，才能真正实现晓之以理、导之以行的育人目的。

第三，是这一学科区别于另一学科的显著标志。知识是基础、是支撑，观点体现思想。初中政治（思政）课堂要体现思想的深刻性，要有一定的理论深度，理论上既要让学生懂又要使学生信服，课堂上要相信理论自身的力量，要鲜明地表达理论观点，以体现学科的思想性和深刻性，这一点我觉得也应该成为我们学科的重要追求。化难为易、化繁为简，把思政课的理论悄无声息地注入学生的心田也是我们的课堂追求，这两者并不矛盾，是课堂内容与课堂呈现形式的关系。思想的深刻性是我们学科区别于其他学科的一个显著特性。而这个特性的显著体现就是课堂上观点鲜明。

如何上出有观点味儿的思政课，是值得我们思考和行动的关键。

依据课标，透彻理解教材。找出教材文本蕴含的核心观点、重要观点和其他知识点。观点是思政课的灵魂，是统帅，一个观点能统率一系列知识点，知识点的安排要为思政观点教育目标服务，要用明确的语言表达思政的要求，课堂教学要体现思政观点的鲜明性。在教学中，知识服从、服务于思政观点教育。比如，宪法至上是核心观点，如何让学生树立宪法至上的观念，要用一系列关于宪法的重要观点和知识点来支撑。做好这些深入钻研教材是关键。

创新教学设计，合理利用教学资源，恰当创设教学活动。初中思政课堂的知识具有思想性，又具有时代性和逻辑性，使得这门课程的内容比其他学科枯燥和单调，学习知识的时候，需要创设情境、激发兴趣，巧设梯子，让学生分析问题、归纳问题，得出结论，掌握观点。一堂课中，核心观点、重要观点要得到强调、强化和巩固。教学的各个环节要相扣密切、层层递进，体现知识学习的层级性和思维的渐进性。这就要求教师尤其是新教师，要下功夫备好课，设计最佳教学方案。选取相对优化的教学资源并合理利用，为教学目标服务，为一节课的重要观点服务。一个或两个观点在课中得到多次强调，当然也要讲究自然顺畅，要通过不同的学习形式和学习活动来进行。可以在学生自学环节、合作探究环节和反馈环节，通过设置不同的学习情境来实现。如果观点不明，再好的情境创设也没有来龙去脉，再好的活动探究也成为无源之水、无本之木，不知从何而来，要到哪里去，要达成的情感态度价值观目标也就没有附着的外衣而成了虚假的摆设。

热爱新教材，多向有经验的老教师学习，修炼自己的课功。义务教育统编版思政新教材在本地统一使用的第一年，对学科教师本身是一个挑战，对年轻教师尤其如此。面对新体例、新内容，要想吃透教材，必须得下一番功夫。而一些经验丰富的教师，往往有着自己的一套善教良方，此时，年轻教师若谦虚学习，多与学科教师交流对话，必能尽快掌握处理教材、驾驭课堂的技能。让自己的身心尽快进入教材，进入课堂，才能明白自己在这一节课上要教会学生什么、是怎么教的，以及创设这一个活动最终的目的是什么。也才能让学生在这一节课上明白学到了什么，思想上有什么变化。

立德树人的关键课程是思想政治理论课，"办好思想政治理论课的关键在教师"。教师教学的关键在于做到"政治性与学理性相统一"，从而"给学生心灵埋下真善美的种子，引导学生扣好人生第一粒扣子"。我认为一堂好的道德与法治（思政）课应该是有观点的。给学生心灵埋下真善美的种子，让学生扣好人生的第一粒扣子，就要让思政课的观点响亮地回荡在教室里，深深地镶嵌在学生的脑海里。

有了知识才能形成能力，升华情感。亚里士多德认为，教育的目标在于追求理论，培养优良的公民，在治国安邦的同时追求个人幸福。我想这就是我们思政课的魅力所在。上有观点味儿的课，让思政课观点鲜明、思想闪光。这，同样需要我们的努力。

（本文发表于《中学政治教学参考（第2周）》2020年第11期）

上充满生活味儿的思政课

义务教育阶段的思政课是一门以儿童（学生）生活为基础、以引导和促进学生思想品德发展为根本目的的综合性课程。这门课程要求教师在教学中要贯彻生活的原则，面向丰富多彩的社会生活，开发和利用学生已有的生活经验，选取学生关注的话题，围绕学生在生活中存在的问题，开发和利用生活中的课程资源，引导和帮助学生获得对生活意义的领悟，获得对生活、对世界、对人生的反思和感受，获得对现实生活中人性的丰富性和复杂性的认识，开拓学生丰富而独特的精神世界，使学生形成正确的人生观、价值观和世界观。

《义务教育道德与法治课程标准（2022年版）》在"教学建议"部分指出："要密切联系社会生活和学生生活实际，用富有时代气息的鲜活内容，以学生喜闻乐见的方式，增强道德与法治教育的时效性、生动性、新颖性，让道德与法治课成为有现实关怀和人文温度的课堂。"因此，在教学中，我们要面向丰富多彩的社会生活，开发和利用学生已有的生活经验，选取学生关注的话题，围绕学生在生活实际中存在的问题，帮助学生理解和掌握社会生活的要求和规范，提高社会适应能力。

一、理论的盐要撒在生活的海里

在一次县级优质课比赛活动中，一位教师抽到的课题是粤教版九年级《思想品德》全一册第三单元第一课的第二课时《实施科教兴国战略》。这节课的内容理性较强，教育意义重大。教师精心选取生活中的实例开篇，引导学生以真情实感思考问题，激发学习兴趣进而学习主题，初步培养学生树立热爱科学、勤奋学习的观念和主动参与的探索精神。这位教师是这样开场的——

同学们，昨天（笔者注：那天是周日）下午老师在友兰湿地公园散步，发现一大群人在观看科技馆组织的航模表演。观看者有许多是青少年。有一个环节，组织者让青少年进行触摸体验，并鼓励青少年谁若能拆开再组装上，就给予奖励……组织者为什么组织这场义务航模表演？为什么让青少年自主拆卸呢？（学生讨论交流得出结论：小小航模蕴含着不少的科技因素，青少年要勇于探索发现）——板书课题：实施科教兴国战略。

不仅导课如此，整节课始终紧密联系学生的生活实际和社会生活的实际，创设情境，展开各个环节的教学活动，最终获得了学科组的第一名。

评委一致认为：本节课最大的特点是课堂通过源于生活的课程资源的开发，到触及学生内心真实需要的活动设计，无不体现了以学生为本的教学理念和思政课的生活原则。运用典型案例和学生已有经验，在学生可以感受的内容和学生需要达到的学习目标之间建立了桥梁，有效地实现了感受科技，了解认识我国科技现状，立志为国家科技发展作贡献的教学目标。在课堂中培养学生的参与意识和探究精神，这十分符合学生发展核心素养的要求，体现了教师扎实的教学基本功和先进的教学理念。

我在讲授统编版《道德与法治》八年级上册《关爱他人》一课时，贯彻思想政治理论课的生活原则，设置了三个逐步推进的环节：关爱在发现、关爱在感悟、关爱在践行。每个环节都从学生的真实生活出发，让学生从源于生活的活动中发现感悟，得出结论，理解感悟，明理导行。在第一个环节，从学生已有的生活经验出发，让学生谈谈：你得到过他人哪些关爱？你关爱过哪些人？这些生活中的关爱故事给你带来怎样的心灵感受？在第二个环节，设置了一个来自生活中的课本剧表演。让学生通过体验感悟来辨识社会生活中的现象。第三个环节更是立足生活情境，让学生学会关爱他人的艺术和策略。通过这些生活现象的抒发，让学生感受关爱的力量，增强关爱他人的意识，以爱他人的情感、真诚的态度、积极的行动关心他人、爱护他人。

一勺盐，放在杯子里，很咸；放在锅里，就能调制出美味可口的佳肴。教师要善于把教材中相对枯燥的理论知识放在生活的大海里，辅之以适切的任务驱动，激起学生思维的浪花，生成课堂的出彩。

二、点亮学生已有的生活经验

美国认知教育心理学家奥苏贝尔说过："影响学习的唯一最重要的因素就是学生已经知道了什么，要探明这一点，并应据此进行教学。"我们在教学中要充分利用教材栏目，点亮学生已有的生活经验。我在教授统编版思政九年级上册第八课《中国人　中国梦》第一课时《我们的梦想》时，依据教材设计了这样一个活动：

【活动内容】

根据教材第104页"运用你的经验"，出示模拟场景：四位同学围坐在一起谈论对未来中国有许多美好憧憬……问题：你心目中的未来中国是什么样的？

【设计意图】

从学生已有的生活经验出发，让学生多角度交流分享对未来中国的美好憧憬，带领学生感受中国梦，使学生对中华民族伟大复兴有初步的展望，同时激发学习兴趣和表达欲望，导入新课，顺利开启了一节课的生活逻辑。

这只是一个例子。其实，新教材每一课内容的展开，都包含着一条引领生活经验的线索。每一个框题以"运用你的经验"栏目开始，创

中篇　课堂教学

设情境、引发思考，以学生的生活经验作为学习的起点，让学生有话可说，到后来的"探究与分享""相关链接""阅读感悟"栏目，再到最后的"拓展空间"栏目等学生活动的逻辑进路，教材这些栏目的设置，其实都隐含着一条生活逻辑。这些栏目的情境都是基于学生逐步扩展的生活。通过学生的体验感悟、师生的互动、学生的合作探究碰撞、分享，生成观点、指导行为，使教学能够从课堂延伸到学生更广阔的生活领域。

还是这一课时，后边的"拓展空间"我是这样运用的：

【活动内容】

指导学生阅读教材第111页"拓展空间"，启发思考问题，开展"梦想大讲堂"活动。思考：①搜集并讲述自己知道的筑梦故事。②这些筑梦故事给我们的启发。

我先向学生介绍本次活动的主题和要求，让学生分小组收集筑梦故事，组内交流。在学生充分交流的基础上，得出结论：新时代是筑梦和圆梦的时代，我们每个人要抓住机遇，敢于筑梦，敢于圆梦，创造出彩人生。通过这一活动的开展，引导学生积极投入到实现中国梦的实践中去。践行了"从生活中来，到生活中去"的生活德育理念。

三、搭建教学内容和学生生活之间的桥梁

德育课的主要功能是育德。思政课是德育教育的主渠道。初中思政课教学要回归生活。在初中思政课教学中，德育的目标主要是通过一节课的情感态度价值观目标来实现的。情感态度价值观目标的实现只有植根于生活的土壤才能自然而然达成。道德的学习与发展也是在生活中进行的，离开了生活，道德教育也是无意义的。"问渠那得清如许？为有源头活水来。"思政课教学必须要密切联系学生的生活世界才会有持久的有生命力。

一位老师向我诉苦：我教的是八年级的思政课。随着课时的推进，

我想带着学生走进县政府大院、走进人民检察院、走进人民法院，让他们看看悬挂国徽的地方，或者观看一下法官审案的现场，这样学习知识才能永志不忘。但是学生的安全谁来负责管理？怎样才能到达？理想很丰满，现实很骨感，想想而已。最后还是在课堂上凭借猜测、假想学完了这些理论性较强的知识。别说社会实践、志愿者活动等的践行了，也只能是感悟一下书本上的理论而已。久而久之，学生渐渐失去了学习兴趣。

学生逐步扩展的生活是思想政治理论课程建构的基础。试想，如果我们把思政课开在生活的大课堂里，在学习有关内容时及时让学生亲身体验，看见真实的景观，在课堂上就不会纸上谈兵了，书本知识也能变得鲜活起来。中考试卷里再出现"模拟法庭"之类的试题，许多老师也不会提出质疑了。因为这本身是学生学习生活的一部分。这些能力已经被学生掌握了。

作为教师，我们要学会挖掘生活中丰富的德育素材，搭建从学生生活走向德育意义的桥梁，让教学内容与学生的生活实际连接起来。教学联系生活，要做到：经常收听、收看最新的视听新闻和媒体报道，学会观察社会、观察生活中的现象，以最时新的教学素材创设情境，恰当引入课堂，激发学生兴趣，启发他们进一步学习的热情和思考。在课堂进程中，遵循学生的心理特点和认知规律，通过具体事实和例证循序渐进地讲述有关道理。引导学生联系现实，列举生活中的实例，表明或说明教材阐述的道理和要求。引导学生根据自己的所见所闻和亲身体验，对教材中的基本知识和理论、观点发表自己的看法。引导学生以教材中的理论观点为指导，尝试进行实际的操作，解决自己学习、生活、思想中的实际问题，指导行为实践。

前边那位老师倒的"苦水"，我们也都遇见过，这也是目前思政课教学的尴尬局面之一。但是我认为，作为一个有情怀的老师，我们还是可以在自己力所能及的范围内有所作为的。我们可以组织学生利用星期天和节假日进行诸如公民的"宪法意识""诚信意识""网络道德意识""社会责任感""爱国意识"等一系列的社会小调查和参加敬老志愿服务活动等，在这些实践活动中，引导学生将学到的理论知识运用到社会生活中，培育学生的公共参与素养和其他各方面的素养。

教师要把教学内容融入学生自己的生活世界，使教学内容具有丰富的情境性和生活性。这样，才能激发学生的学习热情，促使学生积极主动地参与教学进程。要创造条件让学生走入社会，让思政课堂开设在丰富的社会生活中。

"问渠那得清如许？为有源头活水来。"生活世界是德育课的魅力产生的源头。美国教育家杜威提出的"教育即生活""学校即社会"理念，我国当代教育家陶行知先生提出的"生活即教育""社会即学校"理念都是生活德育的经典理论。这些理论的盛行告诉我们，无论是国内还是国外的教育都要植根于生活的土壤。思想政治理论课教学更是如此。

作为一位有情怀的思政课教师，上有生活味儿的课，不仅要探寻课堂道法，还要做生活的有心人，做学生生活的引路人。教学做合一，如此，才能真正让思政课与生活紧密联系在一起。

我们要做的还有很多很多……

上有探究味儿的思政课

我听过一节本学科的公开课，授课教师放视频、讲故事、编课本剧，可谓有声有色有活动！之后教师提出问题，学生能够迅速而准确地在课本上找到答案，基本知识和基本观点貌似顺顺利利地被学生发现并掌握。

然而，我总觉得这样的课堂缺少点什么。

近年来，随着新课程改革的深入推进，很多思政课教师摒弃了"满堂灌"的教学方式，认可学生的主体地位，在课堂上能够创设情境，组织学生活动，设计问题让学生回答。然而，我们的思政课堂绝对不应该流于形式的眼花缭乱，我们的问题设计也不仅仅是让学生简单、直接地从教材上寻到答案。如果情境活动与问题设计不能通过有梯度性的问题进行衔接从而引导学生的思考与探究，情境就缺少了灵魂，问题就失去了价值，课堂也就失去了味道。

所以，这样的课堂缺什么呢？缺少学生的主动探究。

一、思政课应注入探究的味道

探究，顾名思义，就是探索研究。中国最大的综合性辞典——《辞海》将"探究"解释为"深入探讨，反复研究"。在课堂教学方面，大多指向美国教育学家布鲁纳的"发现教学法"，甚至可以追溯到古希腊哲学家苏格拉底提出的"产婆术"。其实启发探究式教学并不是舶来

中篇 课堂教学

品。研究中国教育史的朋友应该知道，早在春秋时期，孔子的教育思想里就有"启发诱导"的教学观。《论语·述而》中有言："不愤不启，不悱不发。举一隅不以三隅反，则不复也。"这应该是孔子关于教学最经典的论述了。从"两小儿辩日"到韩贾"推敲"美谈，甚至《红楼梦》"黛玉教香菱学诗"中，我们都能看到探究之美。

现今的课堂教学，尤其是思政课教学中更应该注入探究的味道。

（一）探究，是落实课堂育人目标的必然要求

思政课是落实立德树人根本任务的关键课程，义务教育阶段的思政课就是道德与法治课。初中道德与法治课堂是初中学段落实立德树人根本任务的主战场。其他课程教给学生的主要是知识和能力，而思政课教给学生更多的是思想与观念。知识与能力可以逐渐提高，思想与观念却极难改变！德育的成效发端于"认同"，植根于"实践"。因此，我们的思政课堂教学就不能只是知识的汇总与记忆，而是重在探究中明理，在探究中求得理论观点浸润与内化。如九年级下册第五课第二框《少年当自强》中，其中的几个核心观点"个人的命运与国家的命运息息相关，个人的未来与民族的未来紧密相连""青年兴则国家兴，青年强则国家强""青少年要有情怀与抱负"等，学生从课本上找得迅速快捷，说得朗朗上口，但我们的教学任务完成了吗？当然没有。要想让这些观点内化于心、外化于行，我们教师必须引导学生思考：为什么作为青少年的"我"应当自强？为什么作为青少年的"我"与国家的兴旺强盛紧密相关？当今时代背景下的"我"怎么做才能自强并推动国强？只有引导学生结合自身经验积极思考，主动探究，才能真正将观念认同、内化、践行，从而实现情感态度价值观目标和学生核心素养的提升。

（二）探究，是落实思政课程核心素养的重要途径

中国学生发展核心素养的提出为实现立德树人根本任务提供了基本实现路径和课堂可操作的具体落脚点。中国学生发展核心素养研究成果提出了中国学生发展核心素养的一个核心、三大基础、六大方面和十八个基本点，《普通高中思想政治课程标准（2017年版2020年修订）》提出了高中思想政治学科的四大方面学科核心素养，包括政治认同、科学精神、法治意识和公共参与，《义务教育道德与法治课程标准（2022年版）》提出义务教育阶段道德与法治课程要培育的学生发展核心素养包括政治认同、道德修养、法治观念、健全人格、责任意识五个方面。这些素养的落地生根离不开学生的观察、思考、辨析、探索以及实践，这就需要在课堂教学与社会实践活动中引导学生采用多种方法和途径积极探究。而这种学习方式，本身就蕴含了培育学生的公共参与、科学精神、责任意识等方面的素养。

（三）探究，是高效课堂的灵魂

高效课堂，一般指教学任务完成效率较高、课堂教学效果较好的课堂。打造高效课堂是每一位爱岗敬业的教师的追求，当然也包括我们广大的思政课教师。影响课堂效果的因素有很多，我认为最关键的是学生的积极主动性能否被调动。创设情境学生愿意投入，组织活动学生乐于参与，设计问题学生积极思考，总之，学生的探究意识与行为贯穿于课堂始终，学生的学习才能真正发生。这样的课堂注定是高效的。

那么，如何上好一节有探究味儿的思政课呢？

二、如何上好有探究味儿的思政课

（一）转变教学观念

曾经听到一位思政课教师介绍自己的教学经验，她说：初中思政课堂教学就是给学生挖"坑"，引着学生跳进去！这种"坑"学生的教学观念颇有新意和趣味，比"填鸭式"教学有了很大进步。然而，我觉得还不够。这种教学观念强调了教师在教学中的"导"，却忽视了学生的主观能动性。

《学记》有言："道而弗牵，强而弗抑，开而弗达。"教学中引导学生，却不能牵着学生走，否则就真的"坑"了学生了！上有探究味儿的思政课，就必须牢牢树立学生的主体地位，在教学中充分激发和唤醒学生的探究意识、探究兴趣，培养学生的探究能力，充分发挥学生的主观能动性。因为，有探究味儿的教学离不开学生主观能动性的发挥。

（二）精心设计问题

思政课教师都知道在课堂教学中设计问题的重要性。精彩的问题设计能够激发学生思考的兴趣，让学生的思维向更深和更广处扩展。那么，上有探究味儿的思政课，该怎么设计问题呢？

1. 设计贴近学生生活的情境性问题

问题不能孤立，必须依托于具体的情境才能吸引学生的兴趣，这就需要结合情境设计问题。一般而言，越是贴近学生生活实际的情境越是容易激发学生探究的兴趣。如七年级下册第六课第二框的第一个栏目"运用你的经验"中提出了一个问题：集体氛围对你有什么影响？试举一例说明。这个问题前面就创设了三个情境：小组合作学习、寄宿生学会生活自理、早上和同学们一起大声朗读。这三个情境贴近初中学生的生活实际，能够使学生产生情感共鸣，从而产生思考的兴趣。然而学生情况不尽相同，比如有的初中并不是寄宿制。因此，需要结合学生的实际情况进行设计。曾经有一位教师就这一框内容上了一节公开课，教师将素材换成本班学生参加集体活动的照片，制作成音乐相册进行展示，问题设计也根据情境改为：这些照片中，有哪张引发了你的回忆，请给大家讲一讲。你觉得这大半年的班集体生活带给自己哪些收获？这样的设计，情境贴近学生，且依据情境设计问题，一下子就调动了学生思考与表达的积极性。

2. 设计有梯度性的问题

心理学中有一个著名的"摘苹果"理论：设计目标时要制定那些奋力跳起来才能够得着的苹果，如果伸手可及或者苹果太高怎么跳都够不着，目标就没有了价值。这对于我们思政课堂问题设计也非常有借鉴价值。这个理论告诉我们，如果想要激发学生探究学习的欲望，应该设计一个又一个需要学生通过一定的思考才可以解决的问题，逐步将思考引向深入，这样的课堂学习就会真正发生，这样的课堂就有了探究的味道了。因此，有探究味儿的课堂需要有梯度性的问题。如在讲"共享多样文化"这一内容时，一位教师选取了"北京姑娘在纽约街头卖煎饼果子"的素材来创设情境，提出以下问题：

问题一：我们吃过的煎饼果子里夹着生菜，你觉得卖到纽约的煎饼果子里应该夹些什么？

问题二：从这个故事中，你觉得文化多样性有哪些作用？

问题三：有人说文化交流使各国文化融为一体，这个说法正确吗？

问题一指向理解世界文化的多样性特征。问题设计紧扣素材，开放有趣，难度较低，能迅速激发学生思考的兴趣；问题二在此基础上进一步引发学生思考文化多样性的作用；问题三根据认知水平，提出观点，让学生运用所学知识进行辨识，进一步加深对所学理论观点的理解。三个问题层层递进，由具体到抽象，引发思维碰撞，激发探究欲望，这样的课堂步步进阶，是具有探究味道的课堂。

3. 设计开放性的问题

"1+1等于几"和"1+1什么情况下不等于2"，哪个问题更容易激发我们思考的兴趣？毫无疑问是后者。因为没有设定标准答案的问题会带来更多的可能性。要上出有探究味儿的思政课，就一定要依据教学目标和学情设计一些具有开放性的问题。有些教师或囿于教学观念，或限于教学能力，不愿意设计开放性的问题，致使教学寡淡无味。如一位教师在讲授"法治政府"这一内容时，设置了三个问题：什么是法治政府？法治政府有什么要求？怎么建设法治政府？这样的问题虽然也符合是什么、为什么、怎么做的思维逻辑进路，但是总觉得这样干巴巴的探路问题很难激起学生探究的兴趣。另一位教师在讲这一目时，先让学生按照上边的三个问题自主学习课文，然后创设情境、设置问题开展小组合作学习。她列举了当地政府在反腐倡廉、关注民生中的一些工作，再设计问题：假如法治政府建设要验收，向市民征求意见，你会投通过票吗？为什么？这个开放式的问题设计如一石激水，学生的积极性大增。其实，要回答好这个问题，就需要思考前面说过的三个问题，既运用了相关知识，又培育了学生主动参与社会的公民意识，这样的问题设计就使课堂有了浓浓的探究味道。

理论联系实际，学以致用，是思政课教学的基本原则。要上出有探究味儿的课就要联系教材重难点和学生的生活及社会实际，创设适当情境，并设置开放性的值得探究的问题。

（三）选择合适的探究方法

探究方法种类很多，有自主式探究，如搜集、调查、思考、分析、表达等，也有合作式的探究，如讨论、辩论等；有情境探究，也有实践探究。具体采用什么样的探究方式，应该根据课程内容、学生情况灵活选择。比如我们现在流行的合作式探究，用得好，能够碰撞出思维的火花；用得不好，就会流于形式，价值不大。我们要在课堂教学中探索教材内容、学生实际、教学环境、教学目标诸方面相统一的探究式学习方法，让学生自己"学会"，我们也教得轻松。

上有探究味儿的思政课，是我对课堂境界的追求之一，也是思政课程区别于其他课程的显著特征。

上有文化味儿的思政课

翻开统编版《道德与法治》教材，古代先贤哲人的经典语录悄悄融入其中，几乎每一课每一框都能读到，这就给密切联系现实的思政课增加了文化的厚重感。文化，对一个国家、一个民族而言，是魂，是根。她滋养着我们的灵魂、积淀着我们的追求、承载着我们的自信与骄傲。她是烙印，印在灵魂最深处；是基因，因而代代相传。

拥有文化厚重感的教材是否生成了有文化味儿的道德与法治课堂呢？还真不一定。

上个月我应邀出了一份九年级月考试题，设计了一道选择题：

习近平同志在党的十九大报告中把坚持以人民为中心作为新时代坚持和发展中国特色社会主义的重要内容。他强调：人民是历史的创造者，是决定党和国家前途命运的根本力量。下列名言警句中与上文蕴含道理不一致的是（　　　　）

A. 天地之大，黎元为先。——李世民《晋宣帝总论》

B. 治国有常，而利民为本。——刘安《淮南子·汜论训》

C. 利民之事，丝发必兴；厉民之事，毫末必去。——万斯大《周官辨非》

D. 民生在勤，勤则不匮。——《左传·宣公十二年》

前两个选项中的名言来自教材。然而测评结果显示，居然有很多学生不理解"黎元"的意思。接着展开的调查发现有不少教师也不知道教材中有这两句，他们在备课、上课的过程中更关注学科专业知识，认为这些古文名句属于语文学科的范畴而直接跳过。我觉得非常可惜，多么美好的文化味儿，就这样被弃之如敝屣！

我提倡上有文化味儿的道德与法治课，是因为这样的课堂很美。

有文化味儿的道德与法治课堂是一种怎样的情形呢？它让人沉浸、惹人羡慕；它涵养心灵的宁静，铸造胸怀的宽广；它有讲解中的引经据典，有谈论间的通古贯今，还总有一刹那的令人肃然起敬。

一位教师在教学《青春有格》时，以"品圣贤智慧，寻做人启迪"开启了一段青春之旅。从孔子"行己有耻"讲到孟子的"羞恶之心，义之端也"，还带着学生品味朱熹先生所言："人有耻，则能有所不为"，再配以典雅的古筝伴奏曲，这样的课堂，简直是一种享受！

我提倡上有文化味儿的道德与法治课，当然不仅仅是凭借中华优秀传统文化的独特魅力去激发学生听课的兴趣，更是落实立德树人根本任务的要求。

习近平总书记在党的十九大报告中指出，要深入挖掘中华优秀传统文化蕴含的思想观念、人文精神、道德规范，结合时代要求继承创新。作为落实立德树人根本任务的重要课程，道德与法治课也应该全方位地发挥中华优秀传统文化的育人价值。我们中国有五千多年的文明史，其中蕴含着无比丰富的道德资源。有"大道之行也，天下为公"的博大情怀；有"天下兴亡，匹夫有责"的责任担当；有"舍生取义"的坚定信念；有"富贵不能淫，贫贱不能移，威武不能屈"的高尚气节；有"老吾老以及人之老，幼吾幼以及人之幼"的宽厚善良；有"己所不欲，勿施于人"的道德操守。大禹治水，三过家门而不入，勾践卧薪尝胆，三千越甲可吞吴，孙敬"头悬梁"，苏秦"锥刺股"，车胤"囊萤"，孙康"映雪"，祖逖"闻鸡起舞"。这些名言典故为我们的学科教学提供了大量资源，使我们的理论不再枯燥乏味，观点不再苍白无力。

那么，要怎么才能将道德与法治课上得有文化味儿呢？

几年前听过一节思政公开课，课题已经不记得了，但有一个教学情境至今难忘。授课教师抛出一个问题：你和同学在校园里进行课间活动时，你发现地上有100元钱，你会不会交给老师？学生都异口同声表示会上交。教师接着追问：那如果是你一个人呢？周围没有其他同学的情况下你会不会交给老师？有学生犹豫了，课堂一下子安静下来，这时候，这位教师在板书：故君子必慎其独也。到此时，课堂突然变得庄重肃穆，在现场的，无论是学生还是听课教师，灵魂似乎都随之升华到一个不一样的层次。这位授课教师用这样一句经典名言把一次普通的品德教育上升到了文化的高度，我这个听课教师都难以忘记，更何况听课的学生？这就是文化的魅力！当年的思想品德教材中并没有"慎独"这个词，我当时查了一下，这位教师板书的这句话出自《礼记》。可想而知，能说出这句名言的教师必定有一定的文化素养。

上有文化味儿的道德与法治课，教师需不断提高自身的文化修养。那么，怎么提高呢？

一要读书。古语云：腹有诗书气自华。饱读诗书，才能气质高雅、才华横溢。诚然，一个人文化素养的提升并不是一蹴而就的，需要积年累月地手不释卷、笔不辍耕。但只要我们坚持阅读，终会"非复吴下阿蒙"。提升自身的文化素养，需要我们广泛阅读。作为思政课教师，我们可以读中华优秀文化典籍，提升人文内涵；也可以读马列文集提高思想觉悟；还可以阅读时政要闻增加社会阅历；也还可以读期刊提升理论素养。总之，文化修养是博闻强识熏陶出来的，多读书必不可少。

二要思考。学而不思则罔，思而不学则殆。文化修养，既需要"修"，也需要"养"。有人读了很多书，如果不加以思考，不能消化，文化修养水平也有限。作为道德与法治课教师，我们可以结合学科需要去探索书中的精华，从而为课堂教学所用。在这个过程中，自身文化修养的提升与课堂教学的文化味儿会产生一种叠加效应，事半功倍。

三要交流。西方有句谚语：相同羽毛的鸟儿一起飞。我们中国也有类似的说法，即物以类聚、人以群分。想成为什么样的人，就要和什么样的人交朋友。想成为文化修养高的教师，当然要寻找文化修养高的同行交流、探讨。

总之，只要坚持做以上三条，文化修养会慢慢地提上来，课堂教学的文化味儿也就自然而然地产生了。

然而，不可否认，文化修养需要日积月累。那么，有什么办法可以在短期内使课堂有文化味儿呢？那就需要在备课方面下功夫，去寻找文化资源丰富课堂教学内容、营造良好的文化氛围。

首先，要重视教材中的文化资源。统编版《道德与法治》教材将学科知识扎根于博大精深的中华文化的土壤之中，其中有不少文化资源，我们在备课、上课时一定不要错过。引用的古文名句我们可以溯其源、释其义，收集的著名典故我们可以阅读体会，探究其思想价值。如在讲授《维护祖国统一》这一内容时，教材"拓展空间"栏目提到了"妈祖文化"。我们就可以由此出发，探讨其与祖国统一之间的关系，如果再引申到"客家文化""姓氏文化""根亲文化"，课堂就更有文化味道了。

其次，要从中华文化中寻找资源。中华文化源远流长、博大精深。从优秀传统文化到革命文化再到社会主义先进文化，绵延不断的中华文化有着丰富的道德资源，就看我们的教师能否成为"有心人"。还是上面提到的《维护祖国统一》这一课，有一位教师在上课初给学生播放了《七子之歌——台湾》，一下子氛围就营造出来了。我们很多人都熟知《七子之歌——澳门》，却不知道台湾也是"七子"之一，这位教师能找到这个文化资源，真的是很用心了。

最后，搜集当地特色文化。严格地说，地域特色文化也属于中华文化的一部分，只不过有一定的地域局限性并不广为人知，但对于道德与法治课而言，却更符合"三贴近"原则，令学生更有亲切感。在这一方面，我总觉得年龄大些的教师要比年轻教师做得更好一些，他们对当地的神话传说、风土人情有更多的了解，将之引入课堂，别有一番"文化味儿"。

文化是高雅的，也是通俗的；是遥远神秘的，也是亲切可感的。衷心希望我们的道德与法治课堂能扎根文化的土壤，开出芬芳的花朵，散发独特的魅力。

上充满尊重味儿的思政课

每参加一项活动都给自己带来一些教育教学的启发和思考。其实在东生给我发信息的时候，我脑中飞快地闪过一个深刻在心的故事。正是这个故事促成了我立即决定只有一个人也开网络研修。

多年以前在《读者文摘》中看到过一篇文章。文章的名称已经记不清了。

这篇文章讲的是作者回忆自己学生时代刻骨铭心的一堂课。大意是作者在上大学时，一个下午，有堂选修课，恰好学校正在组织体育活动。同学们都不愿意去上课，想去参加活动。作者正准备去参加一场年级足球赛，但走得急，忘了拿球鞋，只好又回到教室。教室里只有一位白发老者，老者看到有学生走到座位上去，以为是来上课的，便一字一句地说："一个人，这课也要上。""我被教授的这句话牢牢钉在了板凳上。那位教授一丝不苟地讲着课，声音洪亮。每一言每一语都是那样恳切虔诚，讲完课，望着他那沧桑的背影，我被他的诚恳、对别人的尊重深深地感动了。"大概作者还说道："整个大学时光，印在脑海中的就是这节课。"

上周，按照计划，一个网络研修活动到了收官的时候。眼看预定开视频会议的时间就要来到，再次打开平台，看看几位老师的任务上传情况。因为按照计划，这次在视频会上要展示点评优秀的课例和总结大家的研修情况。可是，依然有几位教师的任务还没有上传完毕。忙碌了一天的我，正在发呆，是开还是不开，开了有哪些议程。

这时，东生老师在群里发了一个信息，"剧老师，冒昧地问一下，晚上开会正常进行不？"又接一句，"开的话我马上调课。"

我立即回应道："谢谢（你对研修和老师的尊重），一个人，也开。"

其实我也知道，老师们这一段忙网课、忙复学。我接着说，你说几点开始吧，方便你。

东生接着说："我立马调课，随时开始就可以。"看到有这么积极的老师在挂牵着今晚的会议，我有什么理由推迟呢？立即来劲了。说7点40分开始吧，我也刚回来一会儿。然后就同大家联系，并希望大家做好准备，手机、电脑并用，以备信号不好。等联系完已经到时间了。联系的过程中我也在飞快地思考这个"基于核心素养落地的教学设计"主题研修的议程。

就这样，到了7点40分，我发起视频会议后，8个人全部在线，一起交流甚好，而我也在这次的讲座中将自己多年的教育教学实践经验进行了分享。因为真情投入，互动交流、有感而发而忘记了饥饿和疲累，临结束大家仍然意犹未尽。

每参加一项活动总有专业和心灵的成长与收获。尊重每一个老师的劳动，尊重他们的需求，耐心沟通，研修任务得以顺利完成。在此，要感谢班长和组长及老师们近一个月来的温暖陪伴和辛苦作业。

这让我再一次想到尊重学习主体，提升学习效率，构建师生相互尊重的课堂氛围是思政课程自身的需要。

充满尊重是我对思政课堂追求的境界之一。

一堂好课，尤其是一堂好的思政课应该充满尊重与关怀。这是由思政课自身的特殊性质决定的。人文性是本课程的四大特性之一。本学科现行课程标准要求："尊重学生学习发展规律，体现青少年文化特点，关怀学生精神成长需要，用中学生喜闻乐见的方式组织课程内容、实施教学，用优秀的人类文化和民族精神陶冶学生心灵，提升学生的人文素养和社会责任感。"鉴于此，我们在课堂教学中要尊重学生的生活体验、情感体验，多给学生人文关怀，满足学生的道德和情感需求，让他们有解决自己生活需求的愿望，让课堂焕发生命的活力，这也是新的课程改革一直以来的倡导。以人为本，以生为本，以学生为主体，组织课堂活动时应该体现对学生情绪、情感的尊重，如此方能营建民主平等和谐的师生关系和充满生命力的课堂。充满尊重与关怀是思政课区别于其他功课的标志之一。

按照马斯洛的需要层次理论，尊重需要属于第四层次，是人的级别比较高的层次。尊重需要得到满足，能使人对自己充满信心，对社会满腔热情，体验到自己活着的价值。尊重是人与人交往的前提，学会尊重已经成为一种有益的理念并积极地指导着人们的行为。尊重是良好师生关系构建的前提，也是以人为本的教育思想的应有之义。尊重能够呵护学生的个性，让学生个性得到充分发展并能使学生获得持续发展的力量。但真正在课堂上付诸实施仍然是一件非常困难的事情。在长期听评课的过程中，发现有不少时候，教师面对学生在课堂上的表现和提出的问题充耳不闻、置之不理，按照自己的计划进行，有的甚至批评与嘲讽。这样，长此以往，就会有意无意地挫伤学生思维的积极性和主动性，抑制学生的思维发展，扑灭学生创造性思维的火花。课堂教学活动就必然陷入违背教育教学客观规律和学生身心发展特点的境地，就不可能实现我们所要达到的目标，更不必谈学生素养的发展。

思政课是文科中的理科，说理性较强，新教材的某些理论可能超越某些学生的认知水平，需要教师在课堂教学中阐释转化才能完成教学任务，因此，教师在教学中应改变传统思政课存在的枯燥、乏味等弊端，想方设法提高学生的学习兴趣，让学生爱上思政课堂。充分尊重学生的主体地位，从而营建师生相互尊重、其乐融融的课堂氛围是达成教学目标的必要条件。

每一位有教育情怀的教师都有自己的课堂追求，也在思考和落实自己的教学理念和主张从而提高教学实效。我觉得提高课堂教学实效的核心是教师必须尊重学生。

那么，在当下的课堂教学中，如何使我们的课堂充满尊重的味道呢？

第一，敏锐观察，善于捕捉，允许出错。教师在平时的教学过程中要敏锐关注并捕捉学生心理变化及外在表现，主动倾听学生，对学生的进步表示肯定鼓励，对学生在课堂上的言语行为表示尊重，允许出错，允许多言，允许插嘴。通过与学生充分的对话交流，对学生的学习状态进行密切掌握，了解学生的思维活动，让学生在以后的学习过程中主动与教师进行沟通交流，对于学生产生的错误想法及时引导纠正，还要善于发现并欣赏每个学生不同的闪光点，给予学生在学习中进步的勇气和强大的动力。我经常说教室是允许出错的地方，在学生的错误中依然可以生成新的教育契机和新的思想观点，并让课堂焕发生命的活力。记得多年前我在和学生一起学习九年级《和平与发展是世界两大主题》这一框的内容时，一位平时不爱发言的学生举手示意，我就让他畅所欲言，结果这位学生说自己要谈谈战争给人类带来的好处，这让我吃惊，慧人语迟，一鸣惊人，这位同学谈得头头是道、有理有据，学生听得津津有味，但也有人担心地时不时地看着我，怎样收场？讲大道理肯定是不行的，他是不会信服的。在他谈了之后，我充分肯定他的思维之新和语言表达能力之强，并鼓励他以后多发表自己的见解。接着我举出了一些国家的战争难民尤其是儿童难民因战乱流离失所、无家可归的例子。转而问他，老师相信你是一个有责任心、爱思考、会思考的孩子，你希望自己、家人、我们的国家陷入这样的境地吗？老师希望你就这方面也谈谈自己的看法。就这样这个叫李建的学生引起了我的关注。在以后的课堂中我经常鼓励他发言，尊重他的想法并及时纠偏，唤起了他的学习动力。这个学生后来顺利地升入高一级学校。

第二，用心对待学生。教师必须要转变观念，切实转变自己在课堂中的角色，建立平等和谐民主的师生关系。新时代，新课堂，教师要做学生学习的促进者、参与者和学习的伙伴，要与学生分享自己的课堂情感和想法。在课堂上由教师作为权威的主体和偏向于教师的权威结构向以学生为学习的主体、师生民主平等的权利结构转变。《论语》中的教育观深刻而生动，孔子与弟子的亦师亦友关系告诉我们，在师生之间的关系中，心理关系占重要的地位，其中情感因素具有不可替代的调节作用，大家彼此真诚相待、互相尊重，教师要用自己的真心换取学生的真心，多想一想学生关心什么，需要什么，自身的发展到底需要什么。我过去教过的学生一直很相信我，有什么问题经常和我交流，后来谈到这些，我说当时年轻没经验也没感到有多好。学生经常说，别看我们那时小，我们都能感受到，您是在用心对待我们。无论是什么年纪的学生，都能感受到一个老师的用心。

第三，增强自身的魅力。教学实践中，我们经常有这样的体会，学生喜欢哪位老师就喜欢上哪位老师的课。反之，学生不喜欢哪位老师必定会影响学生对这门课学习的积极性。亲其师，才能信其道，要让学生亲近课堂，沟通师生感情需要增加人格魅力。教师的人格魅力表现在渊博的知识、高尚的师德、坦荡的为人、大方的衣着等，所以教师要想在学生心目中有较高的地位，让学生喜欢自己，就要提高自身的综合素质，使自己的一言一行、一举一动都成为学生效仿的榜样。核心素养时代，思政课教师同样要有与其他学科教师不一样的素养。记得有一学年的开学第一课，我问学生：你心目中的政治老师是什么样的？学生的回答五花八门，有的说政治老师还不就是教政治的老师吗？甚至有的说，政治老师就是教学生读背画的老师。我又问：你希望本学年的政治老师是怎样的？学生由不敢言到畅所欲言，说到底不希望专讲大道理的，希望有一个善于倾听，把他们看作"人"的老师。这个回答对我触动很大。我对学生说，我心目中的政治老师，也是我一直在希望自己做到的政治老师是：学生专业知识的崇拜者，学习方法的向导，日常生活的知心朋友。就这样，在充满尊重味儿的课堂上不用组织教学就会有好的教学效果。

第四，带着学生一起走向知识。当今，核心素养理念下的课堂教学要求教师和学生要彻底转变教与学的方式。不是教教材，而是用教材教；不是教知识，而是教会学生在生活的大海中感悟明理、习得知识。课堂是师生双向互动的过程。只有真诚交流，互相尊重，教师接纳学生，学生悦纳老师，互动才能顺畅，这就需要我们在课堂的精心设计上下功夫。在课堂教学的每一个环节都要设计学生的学习方式和引导应对的方式。每一个环节对学生的评价也要讲究语言艺术，凸显对学生的尊重。学生为主体，教师为主持。欣赏与尊重学生的理念，要求创设能够让学生主动参与的教学情境，让学生真正参与到教学中来，将学习内容以问题的形式间接呈现给学生，引导学生去寻找解决问题的多种方法和途径，带领学生在情境分析中，在活动探究中，在对话交流中走向知识。

第五，把课堂还给学生。在教学中欣赏与尊重学生，努力发掘每一个学生的优秀品质和潜力，能够激起学生学习的积极性和主动性。某些教材内容和学习主题，适合学生自主完成，就可以在欣赏与尊重学生意愿的前提下，让学生选择自主的学习方式，也可以培养小老师，把某些新课和复习任务交给小老师去带领大家完成。记得有一年我教的一个班级中有一个女孩，她的爸爸是本校的政治老师，为了培养她的学科能力和素养，我鼓励她做小老师，带领大家复习一个单元的内容，并相信她在别人的帮助下一定能完成任务。结果可想而知，她获得了同伴的认可，也获得了学科自信。还有一次上公开课，根据教学设计需要同学们进行一场微型辩论赛，我把自己的设想和方案和同学们沟通后，让同学们自己申请辩手和主持人等角色，并在课代表的组织下自行进行排练，结果辩论的效果超乎想象得好。这使我深深体会到，学生的学习和吃饭一样是不能代替的，主动学习和被动接受学生所获一定是不一样的。

如果我们回忆一下从小到大接受过的教育、接触过的老师，哪一节课、哪一个老师给我们留下了深刻的印象，我想那一定是触动过自己心灵的某一节课，心中有学生的某一个老师。我希望自己是这样的老师，更希望自己的课堂充满尊重的味道，散发人性的魅力！

课堂，向未知方向挺进的旅程

一、平静课堂起微澜

做老师，最美的时光在课堂，三尺讲台，轻歌曼舞，看世界风景无限；观课、议课，入境随情，时时有花香瓣瓣，洋溢在心间。

阴历2016年岁末的那段时光，我邂逅了一个活动——期赛课。这是县里"质量提升年"诸多活动（如年赛课、期赛课、月赛课等）的一个篇章。我参加了其中一个片区的初中组赛课活动，并有幸担任这个赛课片区的主评委。

经过组织方周密的部署，为期一天半的赛课活动紧锣密鼓地进行，在县局包片领导的直接领导下，和其他中心校领导成员一起密切合作，共同见证了课堂改革给本地课堂、给师生带来的变化。

参赛老师们大都经过了精心准备，课堂展示亮点频现，各美其美。有那么一节课，在期待中而来，如寒冷的冬天里一束温润的光，明媚了忙碌的日子，引发了我对当下和往昔课堂一连串的回忆和遐想……

那是2017年1月4日上午，本片区为期一天半的赛课活动已进入尾声，评委们当场打分，每晌出成绩，活动有序进行。无论是语文课上板书的匠心，化学课上实验的解说，还是数学课上的探究合作，英语课上的看图对话，每位选手都各有自己的优势和风格……

然而，我们似乎都在心里期待着：课堂上学生的自学和展示，讨论和交流能否是有形的、有实的、有效的，是否让学生真正投入，让学习

中篇 课堂教学

真正发生？本赛课片区共有12位选手，其中8位语文老师，已经讲了6位了，课堂的语文味能否再浓厚一点，不是略见一斑；读的次数和形式能否再多一点和新一点……

上午第三节课了，又是一节语文课，该有怎样的课堂景象发生呢？说实话，起早贪黑，舟车劳顿，一连坐了一天半，寒冷的天气里，在教室里和学生一同相互呼气取暖，疲惫自是在所难免，但累并学习着……

缓步走进教室的是一位文静朴实的女老师，中等身材，美而不媚。只见她来到学生中间，很自然地和学生做简单的交流后便款款走向讲台——

师：同学们，今天有幸和大家共度一节课的时光，这也是我们的一场缘分，希望我们能珍惜这个机会，留下一段美好的回忆。这节课我和同学们一起来欣赏曹操的一首诗《观沧海》，但愿我们都能学有所获。同学们还记得九年级上册学过的曹操的那首诗吗？（注：毕业班惯例年内就开始上九年级下册的内容了）

生：《龟虽寿》。

师：好！那我们再来熟悉一下曹操的其人其诗。哪位同学来介绍一下你了解的曹操？

……

优雅从容的步履，平易近人的面庞，和蔼可亲的话语，精当简练的导语，奠定了民主平等的课堂氛围和平等尊重的师生关系，开启了学生思维的闸门……

字词检查的不同方式，对诗歌初步了解的自由读、不同学生有感情地一遍遍朗读、重点句子赏析时的学生个别品读、齐声朗读和老师的范读交相辉映，诗中的画面在读中、在悟中，在艺术手法的鉴赏中——再现……

日月之行，若出其中；星汉灿烂，若出其里……

我们仿佛看到了茫茫大海上波涛起伏，拍打着海岛岩石，山岛竦峙，丰茂的草木在秋风中摇曳多姿，经天的日月、横空的银河似乎从大海中升起……

课堂按照教师精心的预设有序地进行，却在展示环节出现了意外，评价组代表在对另一个组的学习结果进行评价时出现了僵持的局面——

生A：我代表第七组对第三小组的展示作评价。我们先看第3题的问题：从不同角度赏析名句"日月之行，若出其中；星汉灿烂，若出其里"。提示是从修辞手法、表现手法、练字、营造的意境等角度来赏析。我们来看这位同学的答案（读展示的答案），我觉得还可以从练字的角度赏析：诗句中的"若"字用得好，"若"是好像的意思，说明大海吞吐日月、包容星汉的壮阔景象是想象之境，体现了诗人博大的胸襟。从营造的意境来赏析：诗人以沧海自比，营造出一个大海吞吐日月、包容星汉的意境，此意境开阔、气势磅礴，表现了诗人宽广的胸怀，豪迈的气概。所以，这位同学的答案还是可以的。这题满分10分，我给她打9分。

生B（刚才展示的女生有点不服气地站起来）：我的答案是从修辞手法和表现手法两个角度回答的。

生A：我不明白你的意思，你说的是？（A同学平静从容）

生B：我认为夸张是修辞手法的角度，借景抒情是表现手法的角度。（急切想表达清楚，表情急躁，课堂气氛紧张，同学们和听课的老师们都在看事态怎么发展。）

生A：（一脸迷茫）

师：噢，这位同学的意思是：她是从修辞手法和表现手法的角度赏析的，夸张是修辞手法，想象和借景抒情是表现手法。这两个角度赏析得也很好！评价的同学能从另外两个角度去赏析，很全面，很精彩！

在教师适时婉转的点拨下，生B意识到自己板演时的书面表达需要进一步完善。两位同学都会心地笑了，课堂气氛缓和了下来。教室里再一次自发地响起了掌声，课堂气氛达到高潮……

精彩的课堂不仅在于教师教得精彩，更在于学生学得精彩，如果学习没有真正发生，就不会有全面的评价和质疑，展示就会流于形式。

课堂因预设而精彩，因生成而出彩。这节课无疑是本片区本次赛课最出彩的一节，从课堂上三次响起学生自发的掌声里，从评委会心的笑容里，从评委亮出的高分里……

文静内敛，秀外慧中，人如其课。原汁原味真课堂，秀外慧中真语文，课如其人。

我是一个中学思政课老师，无能探寻语文的博大，只是欣赏语文的魅力；无意钻研语文，只是借机学习，探寻一节课成功的主客观因素。信息发达的时代，很容易找到真人，谦虚朴实的翟老师和我交流了平时自己是如何备课和上课的，自己在接到赛课的通知后又是如何在短暂的时间内准备这一节课的。

是的，我们平时在指导学生做题方法时总是说：把平时做练习当考试认真对待，考试就会如做练习一样轻松熟练。我们更可以说：平时讲课如赛课般认真备课，赛课才能如平时讲课般原汁原味。

新课程理念下的思政课堂和语文课堂一样，是预设与生成相得益彰的课堂，是师生互动、心灵对话的舞台，是向每一颗心灵都敞开温情双手的怀抱，是师生激活各自沉睡潜能的时空，是随时都可能遇见意外通道和美丽图景的旅程……

二、化蛹成蝶的青春

两年前的一天，我到一所学校听课，一位教师讲授七年级思政《感悟青春》一节课。课堂中设计了一个小活动，让同学们选择喜欢的彩色粉笔，在黑板上画出自己细化的青春形象，目的是让同学们在描绘青春颜色的过程中感悟青春的美好。这一环节激发了大家的热情，纷纷跃跃欲试——

蓝天白云、绿树红花，小鸟欢唱、初升太阳，鱼翔浅底、沙鸥翔集，翱翔的雄鹰、神州的升空……一个个象征着美好向往的图像展示在黑板上。其中一个男生在黑板的角落画了一条小虫子，红着脸回到座位上。这个害羞的男生或许是没想好，或许是想好了其他的但是画不好吧，也或许是其他的理由吧。

接下来，教师让每位同学谈谈自己画的创意——感悟青春。

轮到这位男生了，教师温和地问："你为什么画了一条小虫子呢？"男生低声答道："我喜欢。"教室里顿时喧哗了起来："啊，哈哈，喜欢？""喜欢毛毛虫？""哈哈……"

只见这位老师轻轻地走到那位同学的座位前，用沉静的目光扫视了一下，全班顿时安静了下来。她说："有一个词语叫化蛹成蝶，大家知道吗？艰难困苦、玉汝于成，那种蝶变后的美丽，那种顽强地成长，难道不是最美丽的青春吗？"

听课的老师们不由自主地鼓起掌来，同学们的眼睛一下子被点亮了。

那位老师用灵动的智慧给知识注入了生命，点亮了课堂，也点亮了师生的心……

课堂上精心的预设很重要，这是上好一节课的基础，没有预设的课堂是不负责任的课堂。但是，教学活动具有复杂性和多变性。因为活动的主体是学生，学生是千变万化的，学生是活生生的人，特别是初中学生，正处于世界观、人生观、价值观形成的时期，身上的每个毛孔都张开着，努力地吸纳着他们看到、听到的一切，这就决定了课堂随时都有可能发生"意料之外"。

因此，课堂上就需要教师冷静地思考，灵活地调整方案，机智地生成新的方法，使教学向着更适合学生生命达成的层次和方向前进……

三、一堂跑偏的公开课

大概是八年前的一天，一次我去理发店，是在文峰路下边，当时还是相当不错的一个店，为了让顾客减少等待时的焦虑，店里陈列着许多名字吸人眼球、消磨时光的杂志。我就随手翻了其中的一本无聊地打发时光，突然一个短文的标题映入眼帘，全文看后引发思考，就和店家商量，给他们两本杂志作交换……

仔细阅读思考，从此在上课和听课的常规工作中类似的细节成了我特别关注的课堂意象——

那是一篇佚名教师写的教学手记《一堂成功的公开课》——

"那是一堂至关重要的公开课，评委在教室后面坐了两排，我也充满自信地走上讲台，忽然觉得教室里的气氛有些不正常，平时最淘气的宁宁慌乱地用身体挡着课桌斗，小脸涨得通红，坐在他周围的几个同学也在窃窃私语，我不知道发生了什么事情。'他书桌里面有一只小燕子！'坐在前排的一个同学悄悄地告诉我。

又是宁宁，我有些恼火，说了多少次这是有关学校声誉的一堂公开课，这个时候他还……我本来可以要求宁宁放掉小燕子马上开始讲课，但当我看到他那紧张的表情，突然改变了主意。

'我先给大家讲个故事吧！'我说。教室里顿时安静了下来。

'从前有一个医生，为了做实验，他给十只小白鼠注射了一种药物。几天后，小白鼠们相继出现了预料中的种种迹象，但不知为什么，一只雌性的小白鼠腹部出现了水肿，这种状况是不合常规的，所以医生想把它解剖一下看看怎么回事。正当医生准备剖开小白鼠的肚子时，分明看到了它眼里的哀伤，那种眼神让他十分不忍，于是把它放回了笼子里。

'小白鼠的水肿一天比一天严重，其他的九只小白鼠在药物的作用下都相继死掉了，唯有这只小白鼠依然活着，它的目光那么哀伤又那么坚强。几天后的一个早晨，医生来到实验室，他惊奇地发现，他的判断是错误的，小白鼠并不是患了水肿，它生下了一窝小白鼠！

'此后，小白鼠妈妈的体力在药物的作用下几近衰竭，但它目光中强烈的求生欲望让医生不忍目睹。一天又一天，它坚强地活着。三个星期后，医生发现小白鼠妈妈安详地死去了，医生亲自埋葬了小白鼠。它生下孩子后，竟奇迹般地活了21天，医生猛然意识到，小白鼠的哺乳期是21天……'

孩子们睁大眼睛，静静地听着。

'同学们，这个故事告诉我们，无论是多么脆弱多么卑微的生命，母爱都是如此的伟大和无私。宁宁，你书桌里的小燕子，它的妈妈不知在哪里焦急地等着它呢。'

宁宁听话地走到窗前，轻轻地把小燕子放飞了。阳光下，宁宁天真的小脸上露出了灿烂的笑容。

那一堂课我用了三分之一的时间来讲这个与教学无关的故事，没能完成教学计划，但评委们依然给了我很高的分数。"

如今再读，仍不过时。

当下，公开课已然是课堂教学变革的风向标，是教学观念传播的有效载体，执教公开课已经不是名师大家的专利，每一位老师都面临着公开课的挑战：或者参加各种比赛，或者参与各种教研活动，或者学校领导推门听课，或者同伴间的观摩学习……

我认为：公开课无论怎么公开，依然是"课"，课堂中有许多事情并不是你做好了准备就能完成得很好，有时候，一个细节处理不好就影响一节课的成败。

全国著名特级教师于永正先生在《不忘"夜走麦城"》一文中曾讲述了他公开课教学生涯中种种"败走麦城"的细节……

于老师告诉我们：不管什么样的课，都始终把学生的成长放在第一位；不管什么样的课堂，每时每刻都不忘为师者的责任。这就是于永正之所以成为于永正、教育家之所以成为教育家的根源所在。

四、敏锐捕捉促生成

预设与生成是课堂教学中一对矛盾的两个方面。预设就是紧紧围绕教学目标、任务，预先对课堂环节、教学过程等一系列展望性的设计。预设有长时预设、短时预设、即时预设，有对目标、重难点、过程、方法、情景的预设等，是教师劳动心血的代表，闪耀着教师的智慧与灵感。

生成就是在教学过程中关注学生兴趣、学习状况，并根据学情、课堂环境等对教学程序进行调整，进而灵活地据情施教以期达到教学效果最优化。生成包括预设性生成和非预设性生成等。

在课堂教学中，我们努力营造"圆满"，却往往遭遇"意外"。如何把"意外"转化为教学中宝贵的课程资源？如何让"动态生成"为课堂注入更多的活力，使之更具魅力，值得我们在实践中去思考和探讨。

期赛课上的女老师对同学们的发言进行了肯定，对问题进行了总结。问题的探讨使学生的思维向纵深发展，加深了对文章的理解。由此可见，教师抓住学生在课堂中产生的冲突或问题，因势利导，学生的生命状态得到了及时的关注，学生思想的火花可能一瞬间被点燃，师生之间和谐共融。

讲故事的那位不知名的老师，因势利导进行了一场母爱及生命的教育，课堂也就自然生成了一道亮丽的风景，因此奠定了一节课的成功。

苏霍姆林斯基说："教育的技巧并不在于能预见到课的所有细节，而在于根据当时的具体情况，巧妙地在学生中不知不觉中做出相应的变动。"这应该是教师面对"意外"生成的认识与教学原则。

课堂教学是一个动态的进程，是一项直面生命并提升生命价值的行动，是生命对生命的唤醒。在长期的教学实践中，我们不难发现，当课堂出现意外时，教师要沉着冷静，牢记围绕教育教学目标，及时调整，就会实现"山重水复疑无路，柳暗花明又一村"的课堂景观。

教师在课堂中除做好充分预设外，还要针对一些预想不到的问题充分发挥教学机智，抓住一瞬即逝的信息，敏锐捕捉，善待意外，在适度拓展中、在激发创新中、在尊重差异中、在引发争论中促进生成。

除上述策略之外，实践中的这几个小妙招，会让课堂生态更美好——

从学生维度：让学生开口——找准基点；巧用学生的话——由此及彼；妙用学生的错——因势利导；善用学生的问——顺势延伸；活用学生的题——趁热打铁……

从任务维度：伺机而动，价值引领；随机应变，顺应学情；借机施教，放大生成……

当然，并不是所有动态生成的课都是"美丽"的。我们教师要做舵手，时刻把握方向盘，宣扬主流思想，向学生传递爱的教育，引导学生树立正确的价值导向，让真善美的观念根植于学生内心深处，通过道德践行促进学生良好品德的形成与身心的健康发展。

五、课堂，通向生命之美

"课堂是向未知方向挺进的旅程，随时都有可能发现意外的通道和美丽的图景，而不是一切都必须遵循固定线路而没有激情的行程。"

叶澜教授的这句话告诉我们：在新课程背景下，课堂教学中的"节外生枝"往往能给我们打开一扇扇通向目标的大门，领略到生命旅程的无限美好。

课堂教学是教师和学生共同的生命历程，我们要从生命的高度、用动态生成的观念重新认识课堂教学，建立新的课堂教学观。我们每一位教师，要使生成的课堂更加亮丽出彩，让课堂成为培育学生生命成长的"摇篮"。

课堂是一首诗，课堂动态就是诗中最深邃的意境；

课堂是一支歌，课堂冲突就是歌中最灵动的音符；

课堂是一条路，课堂意外就是路上最亮丽的风景；

课堂是一场生命的途径。

善待遇见，

生命花开。

……

最初的教学时光

一、初入教坛，碎念

接到学生小克的电话，欣然应允。2017年8月14日，一场特殊的宴席让我重拾初入教坛时的美好记忆。

我刚毕业时的两位同事和这些年不时有联系的几位最早教过的学生朋友还是那样的熟悉，仿佛时光凝聚，我们还"青春年少"，你们还"孩子般嬉闹"，我们一直还在那时的课堂，笑声似乎还在那时的校园回响。

1990年秋，我结束了两年的师专生活，无华的青春带着对课堂的懵懂和教育的憧憬，我被分配到一所城乡接合部的初级中学——唐河县航运中学任教，这所学校是县教体局直属初中。那一学期和我共同分去的还有十几位，我们的到来，给师资力量青黄不接的学校带来了生机和活力。

学校位于县城西郊的山岗上，当时学校的生源严重不足，除了部分附近村庄上的学生，其余都是从其他乡镇的富裕生源中宣传招收来的。

去学校报到后，学校给我们每人发了一口大水缸存水。我们需要到附近的十九中或附近的村庄去接水回来，有时接水还需要排队。按当时的条件，发个水缸，做个小案板，算是优待了。

到了暑假学校要进行校建，领导与同人齐心协力清理校园，修缮教室门窗，涂刷室内墙裙，跟着老教师学，搬砖搪墙，其乐融融，好不热闹。

那时的教书生涯，是我们学生时代的延续，看书、备课、上课，批改作业，课余时间谈天说地，玩乐嬉戏，河西岸边的草地和岗坡地有我们留下的足迹，更有我们同事间一直保持着姐妹般的纯真友谊。

第二年假期，学校用校建剩下的碎砖头给我们几个女教师宿舍铺地，这是给我们的福利。在这样的鼓励下，我就做了一个新生大班的班主任。

温暖，那些穿越时空的细碎而美好的存在。

二、那年，那班

1991年秋，11班。

饭桌上同学们在饶有兴味地谈论当年的情景。听听我的学生怎么说。

沉稳的小猛同学："老师，当时我们感觉你不是在教学，是在和我们交朋友。我在上初一的时候学习成绩很好，初二时就下降了，初三没上到最后就辍学了。我受你影响比较大，如果你把我们带到毕业，我一定能考上好的高中。

班里有个女生腿有毛病，个子非常矮小，你教育我们不要歧视，要帮助她。结果，我们全班都帮助她。那个女孩也能快乐地学习和生活。那时的我们班，非常有凝聚力。

学校要打防疫针了，传说打针以后有很多副作用，你就说，'别怕，来了以后先给我打'。用现在的话说，很爷们儿。哈哈。

学校开会，会场嘈杂，我们班的王凤歌一曲《我想有个家》，把大家唱得泪眼蒙眬，会场安静……"

开朗的小克同学："还记得元旦你给我们举办的元旦联欢晚会吗？为了调动大家学习英语的积极性，其中有一个节目，你给大家起英文名字，我还记得我的英文名字是梦塔古。我们都很高兴。"

手机上，心宽加来好友，问我："老师还记得我吗？我是您的11班学生军强。坐在最后一排，你看我记忆力强，把我安排在第三排的中间学习。后来没考试就不上了。当时您留我，但家中有事，父亲病重，我现在特别后悔……"

毕竟二十六年过去，我的丝丝白发，明显可见，记性也明显不如从前，用力在脑海里搜索。哦，我记起来了——

军强，瘦瘦的，脸不是很白，当时头发稍长，个子在班里不高也不低。我脑子里还停留着你小时候的模样。

牛猛当时学习成绩很好，小寸头，瘦瘦的，是比较听话的小男孩，从不在班里惹事……

当时班里有个小女孩，个子非常小，得过小儿麻痹症，好像还有癫痫。在一个冬天的夜里，查完寝室刚躺下。几个女生哭着敲门："老师，某某犯病了。"我就马上起来到女生宿舍，大家分头行动，一直忙到天快亮，她安然入睡。

还有两位班干部因为班级事务闹矛盾，我就创造机会让他们进行自我批评，认识各自的错误，主动化解矛盾，友好相处。

大家说的这些，我一一回忆，并找到了当时唯一的一张班级集体活动的照片。

学校举行广播操比赛，我动员，我陪练。学校举行歌咏比赛，我给大家找来音乐老师，大家每次都是信心百倍，最后捧回桂冠。我们班的女生有十几个都梳着个马尾辫。每次有活动，我给你们头上扎上一朵红花，成了我们班级一道独特的风景……

一天晚上，我正在散步，一声"老师是您吗"让我诧异："老师，我是黎明，您不记得我了。我昨天晚上看到像是您，今晚专门再来看看到底是不是……"

那年那班的"大"事，又谈了好一阵子。

班主任工作是一门艺术，一个综合性的工作，面对的是领导、任课老师、近一百位初一新学生。我怎么样才能不辜负领导的信任，调动好老师的积极性，和同学们融洽相处，同时又教好自己的学科呢？这些问题对刚出校门的我是一个不小的挑战。那时候年轻，没有杂事缠身，有的是精力和勇气。全身心地关心学生生活、心理、学习。早操、课间操和同学们一起，三餐饭后督促同学们学习，课间和同学们一起玩跳绳游戏，美好的时光在你们温馨的陪伴中飞驰……

时间不长，师生情长。那晚，就像我的同事说的，那时我们也是年轻、有勇气、无经验、有热情，不一定有耐性；做得还很不够，只是想把我们学到的一些教育教学的理论用到自己实践中。还能这样被学生清楚地记起，只能说是学生有一颗感恩的心，有这样的学生更是做老师的福气。

记得那时，我从不拿分数说事，总是鼓励人人进步，整体提升。我们班是学校里人数最多的，不管教室里如何拥挤，我还是遵循最基本的教育原则，对所有的学生一视同仁，善待每一个和我生命相逢的人，真心诚意地做到爱优而不嫌差。有的同学因客观原因要退学，我总是苦口婆心，尽力劝诫。而那一届的学生也特别有情有义，这些年在街上，在人群里，在视线之外，远远地喊上一声"老师"的，是你们。在网络里，在现实里，经常送来问候的还是你们。亦师亦友，亲师信道。虽然我教你们的时间并不长，仅一个学期而已。

那时的治班治教主张也一直伴随着我的教育生涯。时间不长，师生情长。和同学们在一起学习、生活、工作，深入他们的内心世界，感受他们的天真，了解他们的困惑。这么多年过去，和那一班学生的交往已经化成了我生命中最美好记忆的一部分，而我的用心做班主任也收获了额外的奖赏：那些藏在记忆深处的珍珠，不时地跳出来发出绚丽的光，照亮了我的生命，美丽了我教育人生的轨迹，让我这个普通平凡的教师感受到了用心拥抱教育、用情温暖生命所带来的无限快意。

那晚，学生们难怪特意选择了这个特色饭店——妈妈菜，为的是重温儿时的记忆。

三、难忘第一课

学生重温"儿时的味道",我也陷入回想初为人师的青涩和惊喜之中。

二十多岁梦的年纪,我的教书生涯开始了;带着师专学习的新理念。工作伊始,下定决心上好每一堂课,做个受学生欢迎的老师。一定要把自己学到的新知识、新理论用到教学中去,将平凡的工作尽力做到最好。

那时的学校里有几位老教师,他们严谨的工作作风、精湛的教学艺术,给了我很大的启发。在进班级上课之前,听过常教毕业班的方老师和涂老师的课,还专门骑车三十多公里向我以前的中学老师宋老师请教。

课记忆犹新。由于我报到的时候已经10月了,课文已经学了一部分。第一次给大家上的是一节初一的政治课《正确认识自己》。课结束时我送给同学们一首上学时摘抄的小诗——

做最好的自己

如果你不能成为山顶上的高松,那就当山谷里的小树吧——但要当溪边最好的小树。

如果你不能成为一棵大树,那就当一丛小灌木;如果你不能成为一丛小灌木,那就当一片小草地。

如果你不能是一只香獐,那就当一尾小鲈鱼——但要当湖里面最活泼的小鲈鱼。

……

如果你不能成为大道,那就当一条小路。

如果你不能成为太阳,那就当一颗星星。

决定成败的不是你尺寸的大小,

——而在于做一个最好的你。

经过精心准备的第一课,受到了同学们的欢迎,我就这样走进了学生的心中，同学们把我当成他们的知心朋友，和我说他们的思想，甚至一些小秘密。而每当这时，我就抓住时机对他们进行学习方法和思想行为的引导、啰唆，从没有用过"罚作业""站墙角""找家长"等方法……

记得我还问过同学们："你觉得什么是政治老师？"回答："就是教政治的老师啊。"我说："政治老师不仅仅是来教政治课的，应该是学生思想行为的楷模，专业知识的崇拜者，学习方法的向导。"

现在，我常常说的"一个优秀的思政课教研员应该是思政教师思想行为的楷模，专业知识的崇拜者，教科研方法的向导"，这句话也来源于那时真实的想法。

此去经年，在平凡的教学生涯中，我由早期的苦练基本功，模仿他人风格到逐步形成自己的"愉快教学法"，集知识性、科学性、趣味性于一体，使相对枯燥的思政课堂变为学生主动学习的乐园。不同课型、不同学生，因材施教、整体提升。善用歌曲、幽默、诗词等精心营造温馨和谐的魅力课堂，发自内心地尊重、关注学生的心灵，希望每一朵生命之花都能绽放自己的光彩。

三百六十行，行行出状元。令人欣喜的是，那年那班，我的学生，有的升入了高一级的学校，有的虽然没有能继续学业，但社会这个大学，同样把他们培养得幸福快乐，事业有成。牛猛、黎明、军强、国普、瑞莹、建克、一繁，还有很多。

美国著名诗人道格拉斯·马洛奇的《做最好的自己》这首诗还一直在我的笔记本上。做最好的自己，当时是启发学生的，也是告诉自己的。那一课也定格在我的记忆里。

陶行知先生说过："千教万教教人求真，千学万学学做真人。"此去经年，教过的学生太多，那些叫得很熟悉的名字我已忘记，那些讲过的课也许在你们的心里随风而去。但你们还记得我教过你们政治，相信你们也明白咱们的政治课堂播撒的是真善美的种子，人生路上唯愿你们不忘本真，做最好的自己！

教室是出错的地方

　　教室，一个古老的概念，传统的解读是教师教书、学生听课的场所。教室又是一个崭新的概念，可以做出新的解读。有人说教室是阅览室，飘荡着书香、充溢着阅读的自由；有人说教室就是工作坊，学生可以观察实验，用各种工具操作，飘荡着问题、充溢着探究；可以是游戏间，孩子们在游戏中学习，飘荡着快乐、充溢着智慧；当然还可以是聊天室……理念变了，内涵丰富了，功能也多了。

　　曾经读过一篇《我们要什么样的孩子》的文章，文章里说有个中国孩子在日本上学，这个孩子的日语不好，但上课发言非常积极，孩子的父母问他怎么就不怕出错，孩子回答说："不怕，老师说，教室就是出错的地方。"

　　教室就是出错的地方，这一理念，是对传统教室和教学的深刻反思和批判，是对现代教室和教学功能的重新认识和提升，是对教师最实在、最严峻的挑战。

　　我教毕业班的那些年，经常在适当的时机用一些激励措施在班里"招聘"一些小老师引领同学们学习，尤其是在复习课的时候，小老师们的作用更明显。一个晚自习的片段还记忆犹新。

　　那个晚上是安雨和银河两位同学讲一、二两课的时候——

　　安雨从容镇定，但声音有点儿小。银河从容自如，还会多提问同学们呢。在我的要求下，安雨声音稍大了一点儿，但有几个地方说得稍

中篇　课堂教学

显含糊，问题设置也还不太清晰。等都讲完后我纠正了一个自觉承担责任的含义。安雨又讲了一遍。结果同学们听出来银河还有两个含糊之处。我就责怪同学们："你们当时怎么不说。"石晴说："说了，她没听见，或许听到了之后她不想纠正。"我说："没听见，你还可以大声说，你说错了，应该怎样怎样讲，这样银河就有了更正的机会。"她或许会说："对不起，我说错了。谢谢大家的提醒。"

"这样的碰撞，这样的课堂，才能给大家留下深刻的印象。"同学们若有所思，都说："嗯嗯，是啊。"我说："以后大家回答问题时，需要对前一位同学的回答做一评价。不要怕说错。对与错都是你的细心和勇气的体现。即使错了，也是对自己的锻炼。有错才会有对。教室本身就是出错的地方。"

那些年，我经常运用这种办法鼓励同学们大胆发言、质疑、碰撞、分析和解决问题，提升自己的能力。后来，在听课的过程中，发现少部分老师上课的时候，总爱提问回答问题积极、不容易出错的同学，偶有同学发言和老师预设的答案不一致，打乱了老师的教学计划，老师往往会束手无策，或者当面呵斥回答错误的学生。

记得有一次在一个乡镇学校听课，课上到快收尾时，老师问同学们："同学们，谁还有哪些不明白的地方说出来，大家一起解决。"这本是学生主体和人本理念的体现。一个学生站起来说了一个问题。这个问题我是记不清了，但这个老师说的话我记得很清："又是你，整天问些不着边际的问题，坐那儿！"我观察到，一直到下课，这个学生一直低着头……

我觉得，教室还可以是教师和学生都可以出错的地方。因为学习是从问题开始的，甚至是从错误开始的，没有错，无所谓正确、无所谓比较、无所谓研究，也就无所谓发展。出错不可怕，可怕的是不让出错，不让出错，就是不让发展和成功。学生还不成熟，容易出错是正常的，因为出错才会有点拨、引导和解惑，才会有教育的敏感、机智和智慧；

才会有知识和观点的生成；才会有对学生和善的宽容、乐观的期待以及真正的爱护和保护。

教室就是出错的地方。说到底是对人的价值和精神生活的关怀和尊重，并且是一种超越，对于学生来说，好奇心是第一要素，允许学生出错，实际上是让"学生永远有神圣的好奇心"，进而去创造。让学生永远有好奇心，这是爱因斯坦的话。而神圣的好奇心有两大敌人：一是习惯；二是功利心。突破旧习惯的舒服，摒弃教学中的功利之心，让好奇心在出错中发出神圣的光彩，那么人文精神，以学生发展为本的理念，才能在课堂中落实和体现，那么学生才会有神圣的创新，既然如此，我们的教学不要刻意去求顺、求纯、求完美。

教室就是出错的地方。善待学生的错误，允许学生出错，抓住时机促成课堂精彩的生成，只有在出错和纠错的探究过程中，课堂才是活的，教学才是灵动的，学生的生命才能因被尊重而感到有价值和有意义。

轻轻拨动你的心弦

那一学年，我教的一届毕业班学生普遍性格活泼、思维敏捷，课堂上师生交流、生生交流的氛围浓郁。但也有部分潜能生经常背书、作业、测试等落在后面，为了取得整体的进步，我经常用爱心和同学们交流，采用各种方法激励他们进步。因此，我还和不少同学建立了很深的情谊。就说说和干儿子的心灵交流吧……

有一段时间，在三四班，经常在课代表那里看到背书落后的同学的名单中有小潘（化名）的名字，个子长得高高的、白白净净的，戴眼镜的帅气男孩，怎么会不想背书呢？学习成绩平平呢？我得想个办法鼓励鼓励……

再次观察这个男孩，多像我的儿子，在外求学，寒假参加学校组织的社会实践活动，春节也不回家过年，心里很是想念。就说："小潘啊，帅气，高高的个子，文文静静的，戴着个眼镜，就像我亲爱的儿子一样，一看就知道是个懂事、爱学习的好孩子，可能你是不理解课文的意思吧，或者方法不对，我相信你只要用心，一定能有很大进步的！"一边看着他的表情，似动不动。

我又接着说："儿子没在家，小潘多像我的儿子，有个干儿子也不错啊，做我的干儿子吧！"估计他会心动吧，但还是没说话。

班里一个活跃的孩子说："真的。"我说："那还有假，以后小潘就是我的干儿子了。"同学们都笑了，七嘴八舌地说："我也想当，我也想当。"我说："好好，大家好好学习，都是我的儿子和女儿。"

还有一次，奖励背书快的同学一人一块糖果，本来没有小潘的，有一个活跃分子说："不给你娃一个鼓励鼓励。"事先有估计，留了一些在衣服兜里。我就像变魔术一样双手一拍出来一个。儿子双手接过，脸上挂着笑容……

到晚自习的时候，我又专门走到他身旁，给他讲了一个问答题的思路，帮助他理解。我经常给同学们说，背书得要先理解，理解才能记得牢。

下一次在没有完成背书任务的名单上，没有了他的名字……

又有一次上课，提问环节，有几个同学回答得很好，我就看了一下小潘，一个小活跃分子又说："看到你娃，你就高兴，让他回答个问题。"我说："好，相信我儿子一定能回答出来。"

果然不出所料……

一次小型测试，我拿着试卷走到班门口，看到坐在第一排的小潘，用手扬了扬试卷，做了一个发试卷状，递给他……

又有一次我提前进班，值日生还没来得及擦黑板，我看了一下他，他就上去擦黑板了，很认真的样子。

为了和学生们拉近距离，了解学生们的心理及学习情况，我把自己的QQ号告诉了学生们，这在我们学校还可能是比较超前的，并告诉了他们实名请加。不久请加好友的人中有一个备注是：干儿子。哈哈……

一次上QQ，见他头像亮着，问他干什么，说在桐柏走亲戚。"和父母一起吗？""不，一个人才好哪。"这个年龄少年的心里，有"代沟"烦恼了吧。

长长的头发快把眼睛遮住了，露出个小脸，是学周杰伦还是谢霆锋呢。初三的下学期了，不能整天一副少年维特之烦恼的表情，得让他理个自信阳光的发型。

一次上课的间隙，我微笑着对他说："我喜欢你把头发理了，那样更帅气，更精神！"周围的同学也在偷着笑，不相信他会理发。他没回答，也没抵触。

我接着说："什么时候理呀？""过几天吧。"他说道。其实我也没想让他马上理，想独立的男孩变个发型肯定要有一个思想过程的。

果然，又过了一个星期，他精神抖擞地来上学了……

以后的日子里，每次上课前，我从办公室走向教室的路上，远远看见同学们在教室前的空地上做着课间活动，儿子老远看见我，第一个带头跑向教室，同学们便跟着跑向教室，提前预习课文……

六月，儿子和班里的大多数同学一样，在老师们的关怀下，顺利考上了县城的一所市级示范性高中……

每当我想起这些用爱心做教师的平凡往事，就深深体会到：教育是精细得连上帝都轻轻呼吸的工作。只要我们留心观察每个孩子的行为表现，用爱心轻轻拨动孩子们心中那根琴弦，就会走进孩子们的内心世界，收获做教师的幸福。

苏霍姆林斯基说过："在每一个孩子心中最隐秘的一角，都有一根独特的琴弦，拨动它就会发出特有的声音，要使孩子的心与我讲的话发生共鸣，我自身就需要与孩子的心弦对准音调。"我觉得与每个孩子心中那根独特的琴弦对准音调需要有一颗敏捷、热爱的心去聆听和调试，只有对孩子们满怀爱心、理解和尊重，孩子们心中特有的琴弦才会发出优美的声音。

"干儿子"现在已经上了大学，QQ的交流、节假日的问候、得知我身体不适时的关怀……

照片里的他，留着短短的头发，爱笑的脸颊，眼神没有忧郁、复杂，像个娃娃般不曾长大。我相信，会有一抹会心的微笑缓缓地浮上嘴角，伴随着他飞得更高。

感谢学生们温暖的陪伴，祝愿我的学生们学业有成，前行一路顺风……

非预设更真实

那一天在城郊一中进行教学视导，临时上了一节八年级上册的道德与法治课《关爱他人》，这节课是我上周为了参加外地的一个教研活动，根据当地指定的内容而准备的一节同课异构课。课堂设计三个板块，由易到难，素材精心选取，活动逐步展开，知识逐步建构，道理逐渐明白，行为逐渐引导。今天的课堂上同学们的回答很积极，答案超乎老师的想象，学科术语用得异常准确，课堂活动《扶自行车的故事》表演形象逼真，学生自加台词极具想象力和展示才能，而这些都是事先没有任何的提示和预演。不由得使我上课时连连为城郊一中优秀的803班同学点赞。前几天虽然备过课，但临时进班，插上U盘就开始上。一些课本上的细节内容也记不清了，一节课下来，自己觉得还有好多值得完善的地方，但是这节课让我再一次找到了上课的感觉。尤其是学生表演的环节，预设中有生成。

教师预设了活动，学生在演绎中超乎想象的思维能力和表现能力使结果更好，预设中因学生良好的表现使课堂生成更精彩。这让我想到上周三在汤阴岳飞中学的课堂上，我作为课堂的引领者和组织者，在那样的特殊环境下，突然有了灵感而临时变动的课堂设计，以及学生的意外回答启发老师及时捕捉有价值的信息而突出重点和化解难点，使课堂显得更加真实自如。

以下为课堂中的几个小插曲。

由于这一节课是新课的第一课时，按照事先的教学设计，我打算简洁地导入课题，在简洁地导入课题时，迅速进入新课的学习，生怕耽误一点时间，因为按照设计课堂的容量不小，要完成的使命也不少，这是一节体现自己教学理念和主张的课。上完之后，要拿这节课作为一个载体进行剖析和品论。但是在到达汤阴县城的时候，透过车窗我看到街上有一个城门上悬挂着巨幅标语"精忠报国，是我一生的目标——习近平"，顿时想到，用这一句话做导入语远比我原先的设计好得多。于是，在上课的时候就临时有了这样的导入语，同学们，老师第一次来汤阴，进入县城映入眼帘的是习近平主席的题词，大家知道是什么吗？同学们回答，师生共同说出："精忠报国，是我一生的目标。"同学们，这句话启示我们：国家发展、社会进步，需要我们每个人的努力。今天我们就开始学习第七课——积极奉献社会。转身板书课题。同学们，有一句成语叫赠人玫瑰——生接着说，手有余香。这告诉我们什么道理呢？学生回答：帮助别人就是帮助自己。用同学们预习的课文词语来表达怎么说，学生回答：关爱他人就是关爱和善待自己。今天咱们就一起来探讨关爱的话题。什么叫作关爱？关爱有什么作用？怎么做到关爱他人？让我们一起来发现身边的关爱——进入第一环节关爱在发现……就这样，导入因变动而联系实际，有高度又接了地气。

送书签的故事，一例两用，自身资源，自我做起，启发诱导，引发思考，开启陌生学生的回答。本来我是想把带的书签奖励给在课堂中回答问题积极又正确的学生的。但是导入新课之后，想到干脆把这个书签背后的关爱小故事讲给学生听，然后让学生分享他们在生活中受到关爱或者去关爱别人的感人小事，岂不是一举两得吗？于是一个关爱的亲情小故事就随口而出了："同学们，看，这是什么，这是我儿子上大学时在图书馆读书写书评获得的励志书签，儿子得知我要来给大家上课，就说：'妈妈，把这些书签带上吧，送给回答问题积极的弟弟妹妹们，鼓励他们多读书，长大后做个有用的人。'同学们，儿子对我的关爱让我感到温暖，也给了我上好课的信心。请课代表先收下书签并对同学们的表现做好记录，课后送给同学们。同学们，说说你在生活中得到的他人的关爱和自己曾经关爱别人的感人小故事吧。哪位同学先来？"

学生精彩回答，课堂充满尊重。第二个环节"关爱在感悟"，设置了一个主情境和一个副情境。主情境是让同学们观看视频《有人偷偷爱着你》引导学生分析出关爱对他人、对社会、对个人的重要性。视频选取真人事件改编，视频中有六个被关爱的人和六个关爱他人的人，他们彼此都是陌生人。让同学们带着问题观看，看后思考，同桌交流，小组交流，回答问题：①如果你是其中一个主人公，会有什么样的情绪情感体验？②你从中感悟到关爱他人有什么作用？经过反复取舍、精心选材，这个视频故事情节诱人、感人，前后逆转反差大，观看的间隙我提醒同学们，抓住其中的一个主人公认真观察思考，并把问题细化一步一步引导，你注意看的是哪一位主人公，他在故事发生时的情绪和情感是怎样的，后来又是怎样的，是什么因素使他们的情感发生了这样大的变化，当同学们回答出陌生人的关爱是引起变化的原因时，我又顺势提问你从中看出关爱他人有什么作用，同学们的回答很积极，有时还出现争相抢答的局面，而且分析得很到位，比如在回答一位推三轮车的老人撞了人家的私家车后，凶悍的车主手持铁棍向老人走来的时候，学生答出了老人无助、失望甚至绝望的情绪表现，还直接分析出了车主看着凶悍其实内心善良，一个动作巧妙地化解了一场后果不堪设想的冲突。我又顺势引导人们之间的互让互谅、相互尊重，有利于形成良好的人际关系氛围，促进社会的文明进步。从而让同学们明白关爱是社会和谐稳定的润滑剂和正能量这一作用。我为同学们的积极回答和规范的学科用语所感动，不由自主地说："同学们的表现让老师感动，八九班的同学们不一般，谢谢同学们。"并真诚地向同学们点头致谢。这一细节体现了课堂上师生之间的相互尊重、民主平等，也让课堂有了自然的灵动和感动。还有一个细节，有个同学举手要发言，我刚开始没有看见，后来在

中篇 课堂教学

同学们的提醒下看见了，是远处的一位同学，为了显示尊重和鼓励，就随口说了一句话："好，此时，最远的你离我最近。"这位同学在开心的笑容中回答完毕。在评课的时候，点评的同行专家专门对这些细节的生成进行了肯定。

峰回路转，突破难点。第三个环节"关爱在践行"，是本课时教学的难点。设计的活动情境是让同学们根据教材的四幅图片表演《扶自行车的故事》，故事的内容是：一位男中学生扶起了一辆倒地的自行车，却被车主女士误解为是他弄倒了自己的自行车，目睹这一情境的一位老人走过来，给这位女士说，不是他弄倒的，是他好心扶起来的。车主女士向中学生道歉，误会解除。然后回答问题：①你如何看待这位中学生的行为？②如果是你，你会怎么办？第①问，我预设的答案是，中学生帮助他人扶起倒地的自行车，是心怀善意、关爱他人的表现。第②问，如果是我，我会耐心、诚恳地向自行车的主人说明情况，让她相信我的话。为了更透彻地突破难点，还预设了一个开放的问题，问同学们对另两位剧中人物有没有话要说。其中，老年人的行为也是心怀善意、关爱他人的表现，给予被误解的中学生的是道义上和精神上的支持。而对于那位车主要说的话，我的预设答案是，要怀着一颗友善的心，不要把人往坏处想，不了解事情的真相，不能随便冤枉好人。等几位同学分享之后，又有一位同学举手有话要说，我示意他站起来回答，这位同学说："我觉得这位车主也不是一个坏人，只是一时不理解而已。"这个回答让我感到吃惊，车主不是一个坏人，那我们该怎样客观评价她的这种行为呢，这不正是我们前两年讨论热烈的老年人倒地"扶不扶"问题的社会因素吗？于是，我改变了事先设定的思路，顺势分析出了由于社会环境的复杂性和人的素质、阅历、思维方式等的影响，关爱他人被误解的事时有发生，越是在这种情况下，我们越是应该心怀善意，培养自己关爱他人的能力，因为关爱他人是现代社会公民必备的基本素养，同学们，扶起的是一辆自行车，那老年人要是倒地了，扶不扶呢？引出了国家致力于提倡关爱他人的《老年人跌倒干预技术指南》和《民法总则》里的相关规定。通过活动体验和价值的辨析让学生明白，我们心怀友善，学会关心帮助和体贴他人。当他人遇到困难时，我们应该在道义上、物质上、精神上给予帮助，从而引出第二个关爱他人的艺术——尽己所能。如果不是学生回答出这位女士不是一个坏人，我还是会按照自己的预设按部就班地进行，有了这个出乎意料的回答，让课堂有了随机的灵动，也使问题的分析直击社会现实而显得深刻和透彻。

不同的环境，不同的氛围，今天在上屯一中视导，又随机上了一节，探究环节，学生的回答不一样，课堂随即生成就不一样，课堂的进展就不一样。乡镇的学生，没有养成回答展示的习惯，学生开始不敢回答，在我的启发和引导下，慢慢放开，故事表演也是像模像样，回答问题一旦站起来答得也很规范。

叶澜教授指出，在教学过程中，教师不仅要把学生看作"对象""主体"，还要看作教学"资源"的重要构成者和生成者。在教学中，我们要充分利用学生的发言这一有利的教学资源，会使我们的课堂充满鲜活的生机。

是的，课堂教学是一个动态的、不断发展推进的过程，这个过程既有规律可循，又有灵活的生成性和不可预测性互动。我们不可能完全按照预先设计好的教学流程，一步一步地实施教学，尤其是师生互动、生生互动的过程中随时都会产生许多事先无法预设的东西。教师是重要的课程资源，学生也是很重要的课程资源。信息技术日益发达的今天，学生的经验和知识储备已经远远超出我们的想象。

因预设而精彩，非预设更真实。关注课堂中的生成资源，让我们一起用智慧的眼光去发现课堂蕴含的生命信息，让课堂因生成更加精彩！

中篇 课堂教学

这里的黑板"净"悄悄

一、赛课发现

初中各学科举行县级优质课赛讲活动，这次活动以微课形式进行。政治学科17位选手于16日顺利完成赛讲。在这次活动中，我发现了一个学科教学中存在的普遍现象，就是参赛的老师们大都忽视了一个很重要的课堂教学活动要素——板书。

这次参赛的17位讲课教师中，只有4位教师有板书，其中两个只写了一个课标题，另外两个虽然不是一个简单的标题，但基本对课堂教学效果没有多大的实际意义，也属于无效板书的范畴。同时听的其他学科的课堂，老师们没有板书的只是极少数。化学12节课中，每个选手都有板书，而且节节板书配合教学活动逐步推进；物理16节课中，也只有2节没有板书。理科的老师们，工整的粉笔字，图文并茂的板书设计，不得不引起我对本学科出现这一现象的关注。

县级优质课赛讲从行政到老师都非常重视，有指标名额，政治学科每个乡镇一般只有一个指标，选手也基本代表了一个乡镇的学科教学水平，别的方面先不做评价。就这一个现象，能不能说明我们的学科教学中普遍存在一个忽视板书的魅力的问题呢。在平时的视导课中，也发现部分教师在课堂上使用了多媒体技术，但没有或很少有板书的现象，评课中谈到这个问题时，有的老师往往认为，板书的内容课件里都有。是的，你的课件里也许有，但是否起到它应有的作用，学生是否在你快速的放映中有思考、有感悟？

再翻看近三年的县级优质课赛讲听课记录，也是有相当一部分参赛教师没有板书，课堂记录上不止一次地批注过，"无板书""0板书"字样……

二、思考实践

其实作为一个长期从事思政课教学教研的一线教师，对这个问题的关注和思考已经很久了。

在"一支粉笔一张嘴，一块黑板打天下"的课堂岁月里，课堂教学以传授知识为主，板书起着非常重要的作用。我们在讲授各类公开课时无疑会花很大功夫设计自己的板书，以求增大课堂效果。课改之初，在以手段更新为主的课堂里，课堂教学的关注点在于课标、新教材内容所规定的教学要求，以及教师所使用的教学手段的更新上。课堂的情境创设、学生活动、案例探究等都以课件的形式展示，直观快速，信息量大，化静为动，弥补了学生直接经验的不足，成为思政课堂不可替代的新教学手段。一时间，课堂出现了过分依赖课件的现象。人们似乎认为用课件能代替教师讲解，代替板书，甚至代替学生的思维。十年前的一节校内教研组的公开课，我也曾有过"0板书"的经历。

那时，多媒体设备还没有像现在这样大面积拥有。学校刚配备了多媒体，老师们要使用课件上课，需要到专门的教室进行。记得是2006年开学的一周之后，教研组活动展开。老师们每人每学期至少要上一节组内的随堂公开课。轮到我了，由于是组内公开课也没有太多压力，凭借自己多年的毕业班教学经验，熟练地驾驭教材，引导学生建构单元知识体系，突出重难点，点拨学习方法，重视激励评价，调动学生学习的积极性，课堂上同学们发言踊跃、情绪饱满，虽然是九年级第一单元的一节复习课，但是我设计了恰当的导入语，让课堂时令清新。一节课轻松自然上完，自己也感觉这堂课沉浸在师生融洽和谐的氛围中。在评课环节，组里的同事们大多说赞美之词，不肯说出缺憾。校长最后点评，他

中篇 课堂教学

只轻轻地说了一句："这节课我也觉得各方面都不错，我在思考这个问题，只是想问你一下，现在提倡新课改了，多媒体教学是不是可以不要板书？"

我弱弱地说："我也有疑问。曾经听一位资深老师说过，他在参加省级的优质课展评活动时，看到一些老师使用多媒体教学，视觉冲击力很强，黑板上却没写一个字。"

从此，我使用多媒体教学时一定记着板书这个事。

在实践中反思，课改走向深水区的当前，我们对课堂的关注已经转向对教学方式的转变以及教学理念的展现，自主、合作、探究的学习方式越来越多地出现在我们的课堂中，生本课堂上学生的主体地位凸显，价值观教育已深深地植入思政课教师的心田。我们的课堂重视学习情境的创设，重视道理的探究和应用，关注学生学习的状态、过程与方法、情感体验等，而这些目标的达成，不是单纯某一种教学手段可以完成的，而是需要多种媒体形式的交互作用。因为新技术和传统媒体各有利弊，现实中大多数教师以多媒体为主导，教师辅助，学生跟着走，不利于学生思维的发展和课堂主体地位的体现。

个人认为，无论是过去、现在还是将来，板书应当是思政课堂教学中值得传承且须加强的一种便捷、省时、直观、蕴美的主要教学媒体。实践证明，板书艺术是教学艺术的有机组成部分。

三、板书大事

板书是"大"事，作用不容小觑。

说说我的一次观摩省级优质课的经历。

那是2014年10月，课题是"对不良诱惑说'不'"，怎样对不良诱惑说不是本课时的重点和落脚点。做课的是郑州市某中学的张老师。说到这位张老师，我们在台下似乎为他"鸣不平"。他的出场可谓是天不时、地不利、人不和。10日下午的最后一节，又恰逢赶在幽默活泼、研究生毕业不久的范楷老师的后面。事后领导总结时说到，他是临危受命。原来安排的是刘老师，但刘老师得了重病，躺在医院里，主办方两天前才通知张老师。

张老师有四十几岁的样子，个子较高，面色黝黑，打着个领带，显得有些拘谨，一看就是个踏踏实实的好老师。课间休息后，同学们落座了，也没有有意识的课前暖身和拉近距离之语，他就直接用平淡的语气和与小年轻范楷相比不很标准的普通话说："同学们，今天我们就学习《与不良诱惑说"不"》这一课。请大家看第一环节，诱惑害处大。"然后播放视频……上课10多分钟过去了，起身溜走的老师们由稀稀拉拉到一群一群，坐在周围的其他老师也在观望和收拾东西准备离开。我和贾巧云老师、权中静老师一起，说实话也有走的想法。但我转念一想：说不定好戏在后头。一是换位思考，显示尊重。二是想到这样的年龄和特性，能够登上这样的舞台，肯定有值得我们学习的东西，而这种课堂所呈现出来的形式、理念和精神实质说不定最接近我们的教学现场。

果然，课堂渐入佳境。第二环节："诱"高一尺，"道"高一丈。张老师先出示了几组图片，根据事先抽到的任务，提供几个素材，让同学们编排情景剧，各组自选一个编排并表演。然后师生总结出战胜不良诱惑的方法，随后又送给同学们战胜不良诱惑的十句箴言。在同学们稚嫩、真实的表演中，在教师适时生成的观点中，在十句箴言的劝诫中，会场气氛逐渐安静，大家都在用心地听着、记着……

第三环节：战胜诱惑我能行。只见张老师话锋一转，放低声音，表情凝重地说："同学们，现实社会纷繁复杂，生活中我们正面临着诸多的诱惑，当你遇到的时候，该怎么办？请为自己开个'小处方'。"要求全体学生写，然后打开分享，最后教师点评表扬并归纳出战胜诱惑的实际操作方法。当屏幕显示两行大字时，同学们不约而同地大声读出来："战胜诱惑有智慧，战胜诱惑我能行。"

121

第三环节即将完成之时，张老师用本课时的重点知识边讲边粘贴出的巨大的"不"字已经成型，会场上顿时响起热烈的掌声。精心巧妙的板书让这个由平淡无奇到渐入佳境的课堂锦上添花。实在、敦厚的张老师连忙向大家鞠躬致谢……

那次由10节省级优质课组成的有品位、有底蕴的思政教学盛宴上，魅力元素异彩纷呈，然而它们有一个共同的特点——板书设计得匠心独运。在高级别的赛讲上精妙的板书让课堂档次上升。平日的"家常课"里何尝不是如此？

板书同时可以变身为课堂练习，帮助师生小结本课所学，凸显重难点。记得多年前听过的一堂本校政史地组的地理课。那一堂课讲的什么内容我已经记不清了，但蔡娟老师提纲挈领式的正板书和黑板右上角随手画的地图——副板书，深深地印在了我的脑海里。更为巧妙的是，在课堂练习环节，她说道："请大家来看课堂练习题。"可是，她没有拿起粉笔，却随手拿起黑板擦，转身在黑板上轻轻擦了几下。板书就变成了课堂练习，到布置课外作业时再随手一擦，红色粉笔一勾画，一个恰当的重难点突出的作业又出来了。恰当的板书可以收到多赢的效果。

还有一次组内的公开课，是即将退休的李玉范老师上的一节初一的思政课。那节课在教室里进行。导入新课后她没写出课题，随着课堂的推进，简明的知识结构、学习思路已经显示了出来，可还是没有见她有写课题的意思。我和同事们在后边听课，还悄悄地说："哦，年纪大，忘记写课题了。"李老师到中间还没有适时地补上课题。但是在课程接近尾声时，只见她按照自己简洁的板书设计和同学们一起回忆本节内容、指明重难点，并对学生进行"导之以行"的教育时，问道："同学们，学了本节课后，大家说说以后该怎么做。"同学们回答后，她又进一步启发说："同学们能用一句话总结本节课的内容吗？"同学们齐声说道："珍爱生命。"只见这位老师转身在黑板的上方用红色的粉笔写上醒目的课题——"珍爱生命"。

下课了，教室里只留下我们几个人无言地感慨……

四、牡丹与幽兰

什么是板书？板书有哪些作用？板书的设计原则是什么？

板书又称微教案，是老师们根据教学需要，在"黑板"上用文字、图形、线条、符号等要素再现和突出教学主要内容的活动，是实现课堂教学效益最大化的重要手段，是课堂教学不可或缺的组成部分。

板书设计是一门科学，也是一门艺术。好的板书能突出知识的重点与联系，使每一课时的内容形成一个完整的体系，并能充分利用学生的感官，使学生的直觉思维得到良好的锻炼，还可以给人以美的享受，产生一种"冗繁削尽留清瘦，此处无声胜有声"的教学效果。

板书的形式是由我们的学科特点、教材特点、教师教学风格和学生的认知水平决定的。初中思政课是一门涉及多门学科的宏观学科。它的课文正文内容看似不多，但内涵丰厚，政治性、思想性、实践性、综合性特别强，抽象思维和逻辑思维的特点比较突出，涉及心理学、道德概论、法律基础和国情教育的内容。道德与法治课的本质特征决定了道德与法治学科教师好的板书对体现学生主体、提高课堂效率具有独特而显著的作用。

初中道德与法治课常见的板书形式有提纲式、词语式、线索式、图解式、表格式、树枝式等。板书设计要遵循的原则有书写规范、语言精练、突出重点、富于启发、直观美观、实效实用。

著名特级教师斯霞说过："好的板书对于提纲挈领地了解课文内容，对于把握住课文的关键问题，起着很大的作用。教师必须慎重考虑，精心设计。板书的原则是简单扼要，眉目清楚，切记随心所欲，杂乱无章。备课时，我常为少而精的板书费一番心血。"这是特级教师的教学心得和肺腑之言。

还有的教师把课堂教学板书比作课堂教学的"眼睛"。因为它是教学重点、难点的高度概括，是教师教学思路的体现，是教师艺术构思的展示……多少年来，那漂亮潇洒的粉笔字，那惟妙惟肖的简笔画，那布局巧妙的排版，一直是我们追求的目标。我们在教学中一定要规范板书、创新板书，让课堂教学的亮丽的"眼睛"吸引住学生的眼球、吸引住学生的心。

如果说，多媒体的运用如牡丹花开，姿态绚烂、名贵惊艳，那么写在黑板上的板书就像一簇簇悄然绽放的兰花，平实朴素、形态贤淑、暗香盈袖，是课堂上一道独特亮丽的风景线。

期待我们的教师感悟板书设计的"道法"，让我们的思政课堂粉笔生花！

（本文发表于《中国教师报》2017年9月6日，发表时有删减）

黑板是山

前不久观摩的一次大型赛课活动中，有20位选手参加赛课，选手们的课均体现了课改的理念和要求，折射着地域教育的风采和硕果，课堂展示精彩纷呈，各美其美。然而也存在一些值得探讨和交流的问题，今天单说说教学的一个重要环节——板书设计中的一些小问题。

梳理课堂观察记录，不难发现：20位选手中，有4位选手没有板书，课的全程只靠电子媒体的辅助，屏幕两旁的两块黑板整节课静静地伫立着，似乎在说想助课堂一臂之力却又无能为力。

另外16位选手用板书这种传统的媒体辅助教学。在这些老师中没有书写课标题的有4位，写了课标题而板书只有一句话的有2位老师，板书中出现有红笔标注提醒的也只有3位。只有2位老师的板书是边讲边写上去的。其他老师的板书，有的是在课前写上去的，有的是在学生自主学习的时候，或者是在学生讨论的时候觉得自己没事干就去写了板书，还有的是在小结时才写上去的，更有甚者是最后自己补上去的。

整个20节课，我觉得真正有效的板书只有两节课。这两节课的板书均由老师边引导边写，自然而然的。

教学是一门艺术。板书又称微教案，课堂板书是教学设计的浓缩，更是课堂教学的一个重要环节，教师的板书设计同样是一门艺术。

教学板书是指教师根据教学的需要在教学用具传统的媒体黑板或其他现代媒体如白板、投影片或PPT上以书面语言或符号的形式，进行表情达意、教书育人的活动。这样说的话，可以分为手写板书（传统板书）和电子板书。教师通过自己的板书设计，可以把教学内容形象、精练地呈现出来，给予学生视觉上的信息。

一面好的手写板书，既能展现教师的才智和巧妙构思，又能彰显教师的审美情操和艺术修养；它带给学生的既有美的享受，又有对知识的理解和掌握，更有情感、态度与价值观的提升，好的手写板书是一幅集知识、情感和美学于一体的艺术作品。

自19世纪中叶，黑板在世界各地的学校流行以来，一直是课堂教学的重要手段，新课程改革之初，传统意义上的黑板曾一度遭受冷遇和挑战。特别是在多媒体盛行的时代，许多教师用声像俱佳的课件替代了传统的板书，但稍纵即逝的课件来得快、去得也快，不能给学生留下深刻的印象。如这次的大赛中有一位年轻选手，形象气质俱佳，课堂设计思路清晰，教材挖掘有深度，情境创设恰当，学生扮演形象，环节紧凑流畅，语言表达极强，师生配合默契，能运用传统文化经典释疑解难，课件制作精美，结尾寄语升华情感。然而，由于板书花的工夫不多，使一节课稍有缺憾，如果把课件上的诚信之树设计成板书，一节课随着课堂的推进完成诚信之树的绘制，把关键词巧妙融入，进而启发学生做诚信之人，这样的板书和通过板书传递给学生的道理是否会留印深刻……

科学的板书有主板书和副板书之分。主板书往往置于黑板的左侧或中间略偏左，主板书的内容主要是课文的大小标题、章节框目、知识结构以及教学重难点、主要观点等，副板书一般设计在黑板的右侧，主要用于帮助解释教学中遇到的难以理解的政治术语，重点字、词、句及运用的经典、数字等，以增强学生对主板书内容的进一步理解。拿《诚实守信》这节课来说，如果能把运用的经典随手写在副板书的位置上，就会便于学生的理解和掌握。讲《按劳分配为主体 多种分配方式并存》时，如果能把一个财富蛋糕巧妙地画在副板书上，是不是也能启发思考，利于生成。讲《我国正处在社会主义初级阶段》时，如果把社会主义初级阶段的起止时间绘制在副板书上，可以帮助学生理解。还可以把国情、基本国情、最基本国情，社会主义、社会主义初级阶段等不同的概念随手写在副板书上，帮助学生理解回味……

再说说板书的时间。板书的时间不宜过早，以免影响学生的听课效果，尤其是在讲授问题的结论时，其板书一定要在进行正反对比、矛盾出示、推理分析等之后进行，让学生有水到渠成之感；板书的时间也不易过迟，迟了可能会错失良机，起不到应有的作用，到后来再补上去，又贻误了其他预先设计的教学进程。

还有板书时教师的身姿，应该是侧身而立，边讲边写，而不是背对学生自顾自地写。

今天，信息技术与学科教学深度融合，教学板书作为教学环节之一，极易被人们忽视，我们在教学中，既要充分发挥现代电教手段的作用，又要充分发挥传统板书的作用，让学生手、眼、耳、脑并用，充分提高教学的时效性。

黑板是山，"白板"是水，山静水动，无声胜有声。水绕山转，山水相依，课堂更有灵气！

我们当地的优秀思政课教师李明波老师在看到我的这个观点时，发表了这样的感慨：黑板是山，"白板"是水，只是我们太多时候，沉浸在水的秀美时，忽略了山的伟岸，所以如何展现给学生一幅山清水秀的画面，仍需我辈继续努力——

探寻道法课堂语言美

一、赛场好声音

在教学活动中，在师与生、教与学之间，信息的互相传递，多数是凭借语言为中介来进行的。教师传授的知识能否被学生理解，关键在于教师能否把自己对文本的解读和活动设计，通过语言转化为学生可接受的信息。对于教师而言，没有任何一堂课能离开语言去表达教学内容和组织教学。课堂教学中教师语言的艺术性，对于学生知识的接受、智力的开发、能力的培养、心灵的启迪、情操的陶冶都起着重要的作用。

在一年一度的全县"十佳课改标兵"赛课活动中，中学组文科赛场，不同学科的选手各显其能，精彩纷呈。虽然帷幕已落下二十多天，但来自郭滩二初中郑琳老师的"好声音"似乎一直在耳边回响。郑琳老师执教的是一节语文课《都市精灵》，给评委留下深刻印象的不仅是她体现的课改理念，简洁流畅的教学设计，彰显语文味的课堂呈现，朴实从容的教态，还有她干净恰当的导入语，亲切凝练的过渡语，循循善诱的课堂评价语，具有感染力和启发性的课堂结束语……

看郑老师的课堂语言呈现，俨然像一个少儿节目主持人，亲切谦和，她的音质也非常好听，就好像给众多国产电视剧和韩剧配音的著名演员陈红的声音，清亮甜美、富有质感。特别是她启发学生的疑问句让我一下子就想起韩剧《爱在何方》里的主角李子京的声音……

二、好声音赏析

来看她的导入语——

（播放歌曲《一个真实的故事》）"歌声是动听的，故事是凄美的，女孩是善良的，她用生命描绘了一个鹤的天堂。在那高楼林立的现代都市，也有这样的人间天堂吗？让我们随着舒乙先生走进《都市精灵》，去寻找答案吧！"（板书课题）

再看她教学过程的循循善诱——

【片段一】

逐步开启学生心扉。

师：（课件）欣赏完可爱的小动物，让我们再次走进文本，品读课文，选择你喜欢的美丽画面，用"我选第×段，我觉得这个画面最美丽，因为……"的句式说一说你的理解。这个题有点难度，老师给了一个示例，仿照例句来想，会容易一些。大家自己先想一想，然后组内交流。

（学生品读、思考、小组交流，教师巡回）

师：大家的讨论很热烈，让老师很是期待你们的探究结果。谁先说？

生1：我选第9段，我觉得这个画面最和谐，因为在这一段中"白白胖胖"的鸽子和孩子们的"小胖手"相映成趣，很可爱。

师："漫步"一词写出了什么？

生1：写出了鸽子的悠闲自在。

师：鸽子悠闲自在，说明了什么？

【片段二】

善于预设生成时机。

师：作者运用对比是为了突出什么？

生：突出北京的动物数量和种类稀少的现状。

师：造成这种不和谐的情况的原因是什么？请同学们在文章中找一找。

129

生："由于人类的霸道和生存环境的不断恶化，鸟、鱼、兽渐渐退避三舍或渐渐灭绝。"

师：人类是怎样霸道的呢？请看大屏幕（课件），由于霸道，人类砍去那一片又一片原始森林，让它（猴子）无家可归；由于霸道，人类建造工厂，排放有毒的烟雾，弥漫在它（绵羊）的周围；由于霸道，人类捕杀了它们（鲸鱼），让它们血淋淋地躺在海滩上；由于霸道，人类猎杀了它们（藏羚羊），让它们濒临灭绝；更有甚者，做出这样残忍的事情：几个人围桌而坐，方桌中间的洞正好容一只猴子的头伸出。店家牵出一只非常可爱的猴子，头大大的，眼睛骨碌碌地转。猴儿的头顶从方桌的小洞中伸出，用金属紧紧箍住。小锤轻轻一敲，头盖骨应声而落，猴的脑部就完全露出来。有性急的人迫不及待地把汤匙伸向那红白相间的猴脑，一场盛宴拉开了序幕：伴着桌下猴子的"吱吱"惨叫，客人们吃得津津有味，满面笑容。

（全场静默）

师：动物就是这样逐渐减少、灭绝的。面对这样的现状，作者惋惜、痛心，于是提出了自己的观点。你能找出表达作者观点的句子吗？

来看看她的结束语——

"同学们，云朵是天空的脚印，鸟儿是树的花朵，大自然装点了人类的生活，我们才能诗意地栖居。让我们与动物、与自然和谐相处，让世界变成真正的人间天堂吧！下课！"

三、道法好声音探讨

听别的学科的课，想自己学科的课；感受别的学科老师的课堂好声音，探寻并期盼道法课堂的好声音。

道德与法治课，提高课堂吸引力的关键是思想、是深度，是对学生知情意行的引领，但外在的声音也是叩开学生心灵的重要因素。不是说非要某位老师的声音悦耳动听，每个人的声音是不同的，音色是不能改变的，但是只要用心，我们就可以找到适合自己的语言风格、语速、语调、抑扬顿挫等。并能把自己的课堂设计用自己的声音很好地呈现出来，这就是自己的课堂语言。教学有风格，教学语言亦有风格，二者相统一。

显然，我们的课堂语言的表现形式的优劣，直接影响学生课堂的心境和对这门课程的心情，从而直接影响教学效果。

道德与法治课教师的课堂语言是在道德与法治课教学实践过程中逐步形成的，既具有一般学科教学的语言特性，又具有自己学科独特性的符合教学需要的职业语言。

道德与法治课老师的语言除了要有和自己的教学风格相匹配的语言风格，如亲切和善、幽默风趣、生动形象、恬静淳朴、豪放大气、深沉凝重等风格，还要有自己学科的语言特性。

道德与法治课的课程性质决定了这门课的课堂语言还须具有时代性、激励性、逻辑性、艺术性等学科语言特性。

首先，道德与法治课担负着传播马克思主义、毛泽东思想、新时代中国特色社会主义思想，传播党和国家的大政方针，对学生进行改革开放和实现中华民族伟大复兴的中国梦等时政教育的教学任务，这就要求教师的教学语言要有时代感，比如在讲《改革开放是强国之路》《我们的社会主义祖国》等内容时，要用时代精神去召唤和鼓舞青少年学生，使课堂具有时代精神的感召力。其次，要用具有激励性的语言去激发学生的民族自尊心和自信心，比如在讲《民族精神　传承创新》《世界舞台上的中国》等内容时，语言要有激励性，激发学生的爱国热情，激发学生为民族振兴而拼搏的向上精神，使课堂具有民族精神和凝聚力。再次，运用具有逻辑性的语言揭示学科的基本原理和内在逻辑，比如在讲《我国正处于社会主义初级阶段》《依法治国是基本方略》等内容时，要展示逻辑的力量，并用这种逻辑力量去开启和走进学生的心灵，使课堂具有逻辑精神的征服力。最后，用具有艺术美感的语言传授具有真理性、科学性、时代性的教学内容，让学生的见识、能力和素质都能得到提高，使课堂具有艺术精神的感染力。有一位老师在讲"党在社会主义初级阶段的基本路线"这一问题时，进行了语言的艺术处理。她总结道："宏伟目标的提出依据的是我国的基本国情；基本国情决定我国还处于社会主义初级阶段；社会主义初级阶段是制定党的基本路线的依据；坚持党的基本路线是实现社会主义宏伟目标的保证。"这段话，每句内部意思衔接，揭示了宏伟目标与基本路线之间相互制约、相互依存的辩证关系，含义深刻，结构整齐，具有一种循环往复的节奏美，传递出和谐统一的美感，使学生听后入耳入心，课堂效果可见一斑。

《学记》里有言："善歌者，使人继其声；善教者，使人继其志。"教师的课堂语言是一门艺术，道德与法治课的课堂教学语言还可以从有声的语言和无声的语言、教师口头语和书面语板书等方面去探究。每种语言都是一门艺术。

作为一名教师，在实际的教学中努力使自己的课堂教学语言成为打开学生知识之窗、开启学生思维之门的钥匙，提高教学效果，实现育人目标。无论是银发丝丝的"马列主义老头、老太太"，还是初出师门的年轻信仰者们，都要在教学语言艺术上多下功夫，塑造自己的语言形象，提高自己的语言修养和品位。

向郑琳老师学习，悟道法课堂语言魅力……

听"读"悟"道"

一、小荷初露尖尖角

作家周国平说过："我衡量一本书的价值的标准是：读了它之后，我自己是否也遏止不住想写点什么，哪怕我想写的东西表面与它似乎全然无关。"

作为一位基层的教研员，我听课也有类似的感觉，每听完一节带给我启发和触动心灵的课，我都会抑制不住自己激动的心情，进入"课已停，思未止"的境界，有借助于键盘倾诉和表达的念想……

2017年6月21日至22日，在县里隆重举行的春期"期赛课"上，来自王集二初中年轻教师臧瑜执教的一节课，让我和共同担任评委的郭晓等老师禁不住感慨：这个小姑娘挺有"大"家风范……

期赛课由县里划分的教学片区里月赛课中的优秀选手参加。参赛者按一定比例胜出后，可获得课改课堂教学能手证书和活动优质课证书，是老师们评先晋级的重要条件。所以大家都是经过精心准备的，选手们大都有新课改的理念和完整的课堂教学流程模式，展现出来的课堂也是各美其美、精彩纷呈，都是能带给人很多值得思考的实体课堂。

臧瑜老师执教的是七年级语文古诗词《蝉》。作者是唐代的虞世南，全诗只有四句：垂緌饮清露，流响出疏桐。居高声自远，非是藉秋风。

这个怀有身孕的年轻老师上课时的从容自然，不动声色的"呼朋引伴"，引导学生自主学习时的点拨引导，挖掘文本诗意，领会作者寄寓情感及表现手法的重点探究，导入语的清新和结束语的升华，环节的过度等，都是那么的清新自然、娓娓道来。对于语文教学，尤其是古诗词教学，相比其他选手，没有课堂上频出的读音错误，也没有矫揉造作的煽情和索要掌声，也不是单纯机械的模式套路。虽然一些细节需要进一步打磨，也还有很大的提升空间，但我个人认为整节课瑕不掩瑜，体现的学科特点也比较浓郁，有模式之形更有内涵之神。

就如初夏时节赛课地毕店二初中校园的荷塘：一池树荫、片片荷叶，初夏风光的明媚，让人悦目赏心……

二、读中悟，悟中读

书读百遍，其义自见。

让我们看看臧瑜老师对学生读书悟道的几处启发语——

师：学习课文一定要把握准字音，下面有请一位同学用标准的字音把这首诗读给大家听，读的时候一定要注意老师特意标注的字哦。

师：刚才大家的朗读氛围感染到了我，接下来找几位同学分别把这首诗读给大家听，同学们一定要认真听哦，听完之后小组做一个评价，看他们是否学得认真、读得准确。

师：短短的一首五言绝句，经过一节课的学习讨论，当堂背诵出来肯定不是问题，这一点老师对大家还是充满信心的，下面大家齐背《蝉》。一二——

师：亲爱的同学们，不管是凭借自身力量去生活，还是立志要做一个高尚之人，最基本的就是先充实自己，注重自身的修养。只有当自己变得越来越好时，我们离自己的目标也就更近。

一节好课承载的是执教教师的专业素养和人文素养。臧瑜老师在课堂上对学生读书的及时评价和鼓励引导做得尤其好，这也是她的课具有语文味的重要法宝。

根据我当时的课堂观察记录，一读、再读、三读，个人读、生齐读、齐声背的不同读书方式在她的课上有12次之多，加上齐读教学目标和结束语的启发读书，共有14次之多。

在自主学习环节，请两位同学依次用标准的字音把这首诗读给大家听/自由朗读/找几位（三位）同学分别把这首诗读给大家听，小组评价/大家一起来看屏幕齐读，注意字音字节/一起品读诗歌，感悟诗意及诗人所表达的思想感情。

探究环节里，品读感悟情感及表现手法之后的一起背诵。（这个环节的处理读得显然少了一点，可再让学生在小组比拼读书中感悟情感，从而把探究引向深入。）拓展延伸环节里，齐读《在狱咏蝉》/再读这首诗以感悟诗人的悲伤情怀/我不明白，希望你再读（启发有道）。（拓展环节启发学生既一遍一遍齐读，又有一位学生单独读。把这个处理方法和探究环节对课文原诗的处理方法换一换，应该更有利于探究感悟，突出重点。）

升华主题的结束语也是启发学生读书，并寄语学生把读书学习的习惯、读书人的身份一直保持下去，未来才能"居高声自远，非是藉秋风"。

书声琅琅满课堂，形式多样品文字。课堂读书品悟是语文学科的基本功。没有琅琅书声的课堂是沉闷的课堂，没有教学生读好课文的语文课是失败的课，读应该贯穿于语文课堂教学的全过程。读书的课堂彰显了学科的魅力。

三、道法课堂也需书声琅琅

观摩一节课，既要站在学生的角度来看一节课的优点，也要站在教师的角度来进一步学习、反思以改进今后的日常教学。作为一个政治老师，我觉得初中政治课教学通常更需要让学生读书。

近一个时期以来，初中思政课在教学方式、教学手段等方面发生了极大变化，小组合作学习、体验式教学等被越来越多的教师接受，课堂教学更具活力。然而不难看出，过于强调课堂教学的形式和"体验""感悟"以及受本学科中考开卷考试的影响，部分教师在教学中不用或少用教材提供的素材如探究分享、相关链接以及思考题等，一味追求自己编制的或在网上寻找的情境或素材，忽视了对教材的有效利用，学生对课文充满了陌生感，不读、不看，导致对知识一知半解，学生的思考缺乏基础和深度，更不用说灵活运用了。这不利于对道理观点的理解把握，也不利于考试成绩的提升。

记得我在教粤教版九年级《思想品德》中《初级阶段的社会主义》这一课的内容时，让学生读背初级阶段基本路线的内容，直至滚瓜烂熟，再用不同的读、背、默、演板等方式抽查，以实现对知识的理解掌握。

党在社会主义初级阶段基本路线的内容是：领导和团结全国各族人民，以经济建设为中心，坚持四项基本原则，坚持改革开放，自力更生，艰苦创业，为把我国建设成为富强、民主、文明、和谐的社会主义现代化国家而奋斗。这一句话内涵丰富。我先让学生默读，继而大声读，再思考可以设计成哪些问题。然后稍做提示、启发思考，精读感悟、回答点拨，进而要求限时背诵，感悟明理、扩展延伸。如此反复进行，同学们在读书中领悟到了这个阶段要实现的目标、实现目标的领导者、依靠力量、基本方法、中心工作，基本路线的核心内容，我们的立国之本、强国之路等道理，再进一步问应该做什么、怎么做。就这样社会主义初级阶段基本路线这个重中之重的内容把握好了，再教学与其相关的内容就容易多了。

在统编人教版《道德与法治》的教材中，不仅有很多专业的学科术语，还有一些优美的诗歌，富有哲理的语言，感人至深的故事，还有很多鲜活的案例……充分利用这些丰富的教材资源，采取不同的阅读方式，辅之以适当的启发诱导、鼓舞和唤醒的语言和手势，情感和态度，有梯度的题目，适宜的自学合学方式，充分调动学生课堂读书的积极性，我们的课堂教学目标将会在琅琅的读书声中变得易于达成。

　　教材里有着新颖丰厚的阅读资源，更需要我们在教学过程中让学生采用不同形式的课文阅读，从而感悟其中蕴含的道理。新教材各板块内容的编排呈现都告诉我们要重视让学生在阅读中感悟明理。每一单元的每一课都编排了清新的导入语，朗朗上口，揭示主题，引发思考。每一课寥寥数语的大字课文内容，聚焦主题，蕴含道理，凝练观点，需要在反复阅读中感悟，才能透彻分析、理解运用。每一课还有专门的"阅读感悟"和"相关链接"栏目，选取名人故事、古典诗词、科普知识等开阔视野，润泽心灵。"探究与分享"栏目里也要深度阅读精选的材料并联系课文主题才能恰当回答后面的题目。既需要凝思默想，也需要书声琅琅，不同形式的阅读当成为学生课堂学习的重要方式之一。

　　课本是学生学习、阅读的根本。新教材精选的每一个素材，都好比是编者与学生之间的一座美丽的桥梁，闪烁着智慧和理想的光芒。需要我们教师引领学生站在桥上欣赏风光，联系现实，体会情思，净化心灵，激发斗志，从而在不知不觉中内化于心，外化于行。我们要用好教材这个"本本"。（当然也可以超越教材，根据学情，让学生阅读同类课外资源。）我以前给学生传授的学科读书学习之道，今天根据教材变化稍加改编，希望给老师们以启发——

　　　　　　政治课，学问多，熟读课文细琢磨；

　　　　　　课前导语需重视，揭示主题引学习；

　　　　　　各级标题善分析，纲举目张成体系；

　　　　　　大字课文价值观，关键词句记心间。

　　　　　　运用经验据认知，阅读感悟明道理；

　　　　　　探究分享展成果，延伸链接扩视野；

　　　　　　传统经典浓精华，德润心灵有思政；

　　　　　　书读百遍义自见，联系实际勤实践。

　　新时代、新课程、新要求，我们要跳出学科看教学，避免学科的分类割裂知识的广泛联系，造成学生认识的僵化和局限，妨碍学生知识、能力、态度、情感的协调发展。因此我认为，读书不应该是某一学科的专利，让阅读成为思政课堂一道亮丽的风景，符合我们学科特点也是落实新课程理念的明智之举。

　　鉴于此，我们要在教学中激发学生的阅读兴趣，关注学生的情感体验，教给学生恰当的阅读方式，掌握本学科课堂阅读的指导方法，让阅读为悟道服务。让我们的课堂书声琅琅，让我们的教材活色生香，让思政的光芒照亮课堂！

　　道可道，非常道，名可名，非常名。读书是课堂的风景。

课堂若只如"告诉"

思政课是落实立德树人根本任务的关键课程，道德与法治课程是义务教育阶段的思政课，旨在提升学生的思想政治素质、道德修养、法治素养和人格修养等，增强学生做中国人的志气、骨气和底气，为培养以实现中华民族伟大复兴为己任的有理想、有本领、有担当的时代新人打下牢固的思想根基。我经常思考：如何使自己的课堂更具有吸引力？如何提高课堂效益？如何让每个学生都快乐地学习？如何在教学中凸显学生的主体地位，如何让我们的教学既能提高学生的成绩，又能实现育人的目的……

作为一个基层的教研员，我经常用一颗发现美好的心和欣赏的眼光观课、议课，学习着、发现着。因为每个教师、每一节课都有许多值得学习和发扬的地方。今天要说的这两节课不是为了批评某个教师，而是作为一个例子进行简要的分析，以引起部分老师的注意，为我们的学科发展和自身的专业成长助力。

先讲一个寓言故事：有人送了一辆汽车给一个印第安老人，这位老人找来四匹最好的马，把汽车绑在马的后面，他试图通过马的跑动带动汽车的运动。

你一定觉得这位老人有点好笑吧，不可思议。其实类似的现象，在今天我们的课堂上屡见不鲜。部分教师总以为学生的学习不能自己进行，只怕学生学不会，非得要去代劳不可，这就恰如那个把汽车绑在马后面的印第安老人，他不知道汽车是有动力的。其实，每个学生身上拥有一台潜能无限的学习发动机，我们要设法让学生自我发动、自主运行、自动奔驰，而不是像印第安老人那样让马拉着汽车跑。我们要做的是发动和奔跑后的适当纠偏……

在一次不同的教研主题活动中，听了10节课，其中两节是九年级的思政课，当时，我们用的教材是粤教版的，一节是复习九年级第一单元《认识国情　了解制度》，另一节是新授课九年级第四单元《情系中华　放眼未来》的第一课《中华文化　传承创新》。都是正常的教学视导听课活动，其实在开学之前，单位已经把视导方案和详细的进度下发，这一周去哪个乡镇或学校是基本固定的，这两节都是县城一个辖区的学校。

先来说说一节新授课。

可以看出，年富力强的男教师一定很有经验，能很熟悉地驾驭教材，是个勤奋踏实的好教师。做到了课文内容题目化，这一点对于初三学生来说也不失为一个培养应试能力的好办法。上课前，教师已经把要学习的内容写在黑板上，满满一黑板的题目，有单元导读里的题目，有第一课里的题目，几乎包括了所有的知识点。而且在上课的过程中还能把重点知识、和时政联系的知识，用红笔醒目批注提醒。

新课是在简单地复习前一节课中慢慢稳步推进的，完全按照教材的顺序和黑板上的题目一题一题、一个知识点一个知识点地进行。也联系了时政，不过联系的是党的十七大关于文化建设的内容。熟悉的教材、丰富的联想都是自然而然地进行的，比如教材上有中华文化在世界文明中占有独特的地位，教师立即联想到中考题涉及过这个考点，让学生补充中华文化在世界文化中的地位的题目，让学生理解中华文化与世界文化之间的关系并记住要点。用以前的标准来评判，教师的基本功不错，但是一节课下来，基本上是老师问、学生回答，有学生齐答，有单个的提问，教师的语言也是平铺直叙的、不紧不慢的。

起初我以为是一节复习课，因为在单元导读的题目中涉及了这一单元的主要知识点，教师——点明了，等到老师说今天咱们来学习四点一（不规范的说法，应该说第四单元第一课）《中华文化传承创新》时对文化这一词语让学生做理解时，我才意识到是学习新课。看看时间，上课已经15分钟了。在师生的问答中，一课时的内容进行完，教师帮学生回顾了重点知识，又让学生做了某个资料上的题目，做题、提问、回答，老师点拨一下，下课。

　　这节课作为一节传统的家常课，有许多优点值得学习，我在和学科教师的交流中——罗列，除此之外，重难点的突出突破、题目设置的针对性和科学性、板书的时机、教师语言的规范性等方面也要引起注意。这节课的课堂氛围显得沉闷、单调，学生学习方式机械、老套，从学生的回答中可以看出，学生有心有余而不能言的压抑，学习的热情没有被唤醒，自我的发动机没有被点燃。

　　如何上好新授课，每一位教师知道的理论一定不少，也都有自己的办法，关键是如何在平时的教学中落到实处，如何让先进的教学用具不躺在那里睡大觉。其实县城里的每个教室都有，至少九年级教室都配有多媒体。一讲到底是肯定要摒弃的。其实在我们学科的课堂上创设情境应该为创设新景，联系时政时能用今天的就不用昨天的……

　　结合自己的教学实践和听评课的思考，反观我县"学、探、测"三步六环教学模式下的思政课堂，我觉得新授课的课堂应该向这样的方向追寻：理念先进方向明，目标明确内涵丰；模式使用无痕迹，课堂评价重激励；案例鲜活现情景，师生互动见真情；过渡自然层次明，预设生成水乳融；重心突出首尾应，三维和谐浑天成。

　　让我们共同努力。

　　再说说另一节复习课。

　　毋庸置疑，那位年轻的女教师基本功扎实，对本单元教材的每一个知识点了如指掌，一节课下来不看课本，对第一单元的三课知识快速

中篇　课堂教学

复习一遍，而且还有时间做练习册。一节复习课大致三个环节：看目录回忆本课知识点、老师问学生齐答、学生自由读背，接着第二课、第三课，然后做练习册、对答案。黑板上一个字也没有写……

那天时间很紧，我在简短的交流中，肯定了教师的基本功和对教材知识的熟练掌握，并提出建议，希望教师认真研究不同时段复习课的教学目标设置和实现目标的不同上法；引导学生建构新的知识网络，发现内在的规律性；在知识的重难点、易混点、易错点上设置不同的教学情景和活动；调动学生学习的积极性。从而形成能力，升华情感，一步步实现学科育人价值。

我们知道，复习课对学生系统掌握知识，发展思维能力是极为重要的。同时对学生弥补第一遍学习中的缺欠，提高学习效率，达成学习目标具有非常重要的作用。要真正上好复习课并不是轻而易举的事。如果不精心设计，就达不到预期的效果。如果顺次复习，知识简单罗列，把学过的内容不加整理地堆积，既浪费时间又会使学生感到索然无味，一大片知识茫然而无头绪；知识的讲解和题目的设置不分主次，学生以前不懂的要点和不会做的题依然得不到解决，会使学生学无所得，降低学习兴趣……这样上复习课，不但收不到良好的效果，还会得不偿失。

聊聊上好复习课要坚持的原则和一般做法。

事物既是普遍联系的，又是变化发展的，思政课老师尤其要运用这样的观点来上课。经过专家精心编写的教材是最好的教学资源，是教学中最好的例子。特别是九年级上学期新课刚学完，更需夯实基础，查漏补缺，弥补第一遍学习时的不足。通过复习，学生要对基础知识能够准确熟练地掌握，使这些知识在学生头脑中竖成串、横成链，形成知识网络，使学生在系统深入掌握知识的同时，能进一步提高思维能力，提高分析和解决问题的能力。

如果把思政学科平时的课堂教学比作"栽活一棵树"，那么复习课好似"育好一片林"。栽活一棵树容易,育好一片林要花工夫。否则,就会只见树木,不见森林。

无论是家常课还是各类型公开课的课堂上,思政复习课教学要坚持目的性、自主性、针对性和系统性等原则。

复习课既然是很重要的课型,依然要设置清晰的目标,至少教师心中要有明确的复习目标。知识与能力、过程与方法、情感态度与价值观三个方面,教师心中都要有数。要让学生梳理巩固哪些知识,建构什么新的知识体系或网络,分析解决哪些疑难问题,巩固或掌握哪些学习和认识的能力,思想上或大或小要有哪些变化。要力求三维目标的和谐统一,这样才能既提高成绩又提升素养,实现思政课立德树人的总目标。

教师要在备课上下足功夫,纵横联系、充分挖掘资源,综合多方因素,在教材的重难点和知识的易错点、易混点、热点上设计不同形式的复习活动,用多样的教学手段达成课堂的目标。

教师要发挥学生的自主性,让学生参与复习全过程,通过自主、合作的方式,学生参与归纳、整理的过程,在知识梳理中发现知识点与知识点之间、目与目之间、课与课之间、单元与单元之间的内在联系和规律性,充分调动学生学习的积极性和主动性,激发学生学习兴趣。

教师要再次学习课标、研究教材、研究学生,关注社会热点,找到课标、教材、社会时政与学生实际的结合点,找到大多数学生在这一单元这一课中存在的学习困难点,并在这些结合点和困难点上多用力量,做到有的放矢、对症下药。在复习过程中,还需根据知识点与知识点之间的纵横联系,系统规划复习和训练内容,使学生所学的分散知识系统化,精心设计活动和训练题目,题目要有典型性、针对性和层级梯度性。如果只是在师生一问一答中,学生看似都会,但难免有人滥竽充数。

九年级第一单元,社会主义初级阶段的基本经济制度和分配制度,公有制经济和非公有制经济的内容、原因、地位的理解,基本政治制度的理解等重难点内容要结合时政材料，特别是党的十九大的重要观点来教学。比如，一个明显的变化点，党的十九大关于我国社会现阶段主要矛盾变化的新表述，在师生一问一答的知识梳理中依然是课本上的回答。教师是否要创设情境、设置问题让学生联系社会实际运用所学知识探究交流，党的十九大关于我国现阶段主要矛盾变化的新表述的内涵是什么，这样表述的原因有哪些？主要矛盾变了是不是已经跨越了社会主义初级阶段等，让学生在探究中进一步学习和巩固所学，做到温故而知新的同时，社会主义理论和党的方针政策也就悄无声息地注入了学生的心田。

根据我们学科的特点，我认为要上好一些复习课，需要注意以下策略：做好知识、时政、典题、学法这四项内容在课堂上的时间划分和情景设计；重视创境，体现一个"趣"字；关注基础，落实一个"实"字；凸显主体，突出一个"构"字；提倡分层递进，突出一个"练"字；培养学习习惯，落实一个"养"字；有思想渗透与方法提炼，感受一个"悟"字。结合我县课改课堂的实际，我们继续深入研究适合学科实际和学生实际的复习课教学基本流程。

两节课比较看课堂境界。

简单地比较一下，两节课，时隔一天，一个辖区，一个版本，同样的年级，教学进度不一样、课型不一样，教师的年龄层次不一样。但授课的方式其实是一样的，支撑这种方式的教学理念其实也是一样的，那就是传统的教学观和学生观。传统的课堂中，往往认为教师是主导，学生是被动地学习，教师一讲到底。课堂呈现的景观就是我说你听、我问你答、我教你学、我要你学等现象。

不止这两节，在经常的听课活动中，我深刻体会到县域内的思政课专业教师师资的缺乏和教师在教学中存在的教学观念落后、教材使用僵化、教学方法单一等问题。几年前的一次，在某个乡镇听课，两节课，不同的年级，一个教师教，两节课黑板上没写一个字，老师就一个姿势，一手拿课本，一手扶着桌子，一只脚蹬着讲台桌的下边横木上，照本宣科，一问一答到下课，我顿时觉得学科的尊严和专业的自信荡然无存。难怪别人称我们学科为"小学科""读背学科"，有时还听到我们的老师说自己走出去也没有人家"大学科"的老师自信，起码自己得拿自己的专业当回事。作为思政学科教师，我们一定要尊重自己的学科、尊重自己的专业。

一支粉笔一张嘴，教师从头讲到尾，你问我答乐呵呵，变相"填鸭"难学会。教师纵然有很强的基本功，但学生只是被动在听，他们的手、脑没有并用，思维没有激活，能力没有提升，思想没有变化，课后如何会有行动。一句话，一节课下来，从教学目标的达成上说，还是从知识到知识。

新的时代，新的教育，新的课堂改革给教师提出了新的要求。新课改十多年了，新的课堂模式也推行多年了，教师的角色、师生的关系，必须要发生变化了。思政学科老师在课堂上不再是"主演"，而应该扮演"导演"的角色；不再是导师，应做人师，和学生之间是亦师亦友的学习伙伴。思政课堂应该是教师和学生一起通过创设不同的情境，设计不同的学习活动，建构知识、生成观点，重视过程、培养能力，提升情感导引行为的过程。在这个过程中，教师和学生共享教育的愉悦和生命的成长。

现在看一节课的好坏，不仅要看教师是怎么教的，更要看学生是如何学的。"满堂问"其实是"满堂灌"的变化形式。大量的问题固然能带动学生积极思考，但数量过多，学生忙于应付，能有多少收获呢？我们要增强课堂提问的有效性，在平时的上课中充分发挥多媒体等教学的优势，积极创设新的学习情境，贯彻思政课理论联系实际的原则。

学生是学习的主体，是学习的主人。无论是哪种课型，在教学中，教师都应该运用自己的智慧和创造力，依据我们的学科特点，联系社会实际、生活实际、学生实际，创设必要的情境，给学生提供课内实践的机会，让学生在特定的环境中进行实践体验，在活动中感悟道理，体验情感，规范行为。把课堂营造成生动活泼的学习乐园，让学生在愉快的学习中感受生命的拔节和成长。

综合各方因素，我认为无论是新授课还是复习课，今天的课堂，都不是简单地认为只达到一节课的基本要求就行，而是要看情景刺激度、活动参与度、知识建构度、训练扎实度、目标达成度。唯有这样，才能启动学生身上的学习发动机，并让它自主地运转起来。

再回到开头的寓言故事，思政学科教师不要做印第安老人，要设法启发和唤醒学生，学生身上有一台学习的发动机，要给这台学习的发动机通上电，让它自主地、快速地运转。

课堂是学生学习的场所，也是生命成长的殿堂，从这个意义上说，课堂教学有三种境界——告诉、启发和唤醒。凡不需要告诉的则不告诉，非要告诉的也不马上告诉，到了不得已才告诉。看看我们自己的课堂现在还在哪一层？

复习课　育分也育人

今天在一初中听了两节九年级的复习课，两位老师彰显新课程理念，同样的流程完整，同样的从容自如，教材的熟练，知识的联系，恰当的选材，精选的例题，适当的训练，方法的讲解，人机共处，课件辅助。不同的进度，不同的内容，不同的切入点，不同的复习课上法。快乐学习如她们。

九年级组内的几位老师真诚互动，言为心声，为了提高学生的成绩都在尽力想着办法，做着不懈的努力。为此，大家各抒己见，交流探讨提升课堂效率的妙招。组长权老师还制订了本期的复习计划，大家共同商讨，有了明确的方向和各阶段的目标。

走进课堂，回忆上课美好时光，如果再上讲台，如何上出让学生走心，让自己挥洒自如、乐享其中的复习课？需要我们进一步思考。

复习课如何在启课、如何在过程中加强巩固，如何强化对知识的记忆，如何真正体现小组合作，如何调动学生的积极性，结尾时如何升华，如何更好地发挥板书的功能，如何更好地做好几轮复习每个阶段的内容与时间的不同搭配、做题方法的训练与巩固等。其实，每个人都有自己的一套可行的方法，就看怎样让学生愉快地接受，剩饭难热，复习课更要下功夫，情境要创设，学生需激励，还要顾全体。

复习课是学科教学中常见的课型，道德与法治学科的复习课是把所

147

学的知识系统化、条理化，帮助学生对知识查漏补缺，进一步理解和巩固已学过的学科观点道理，进一步培养学生辨别是非、正确对待社会现象、分析和解决问题的能力、创新精神和实践能力的必要教学过程，也是帮助学生逐步树立正确的世界观、人生观、价值观的重要途径。复习课同样承担着育人的功能。

对于九年级学生来说，面临着中考的压力，这一学期的复习课，无疑要培养学生的做题方法和应试能力，我们都是千方百计把课上好，提高复习质量，最大限度地多灌输，想让学生多学，但是学生往往处于被动，学习效率不高。

复习课只是课堂教学的一种课型，以生为本，课堂让学生心动、口动、手动。赏罚分明，该严厉的时候严厉，该亲切的时候亲切。让学生相信，先育人再育分，上课会很省心。复习课就会实现其应有的价值——育分、育人。这是我的经验，觉得比较有效。

了解我们学科复习课的主要任务：帮助学生梳理知识，形成网络，使知识系统化、结构化，以加深对知识的理解与记忆；帮助学生进一步巩固和熟练课程标准规定的所要掌握的目标层次要求；帮助学生揭示解题规律，总结解题方法，进一步提高运用所学知识理解、辨别、分析社会现象和解决问题的能力。

复习课应遵循的原则：系统性原则、基础性原则、重点性原则、针对性原则、精选性原则、指导性原则、及时性原则。

还有个重要原则——主体性原则，复习课应同样把学生看作学习的主体，要千方百计让学生积极地参与复习过程，凡是学生看得懂、讲得来、做得出的内容与题目，都要让学生去独立完成，教师不要都包办代替，不要满堂灌。

复习课的基本类型：单元（章节）复习，专题复习课（知识、热点、题型等），练习（试卷）讲评课等。

一节复习课的看点：

抓基础　对说检　落实考点，抓联系　对教材　形成体系；

抓重点　对课标　把握难度，抓典题　强方法　多做示范；

抓方法　重训练　要实效果，抓练习　做答案　追求规范；

抓目标　有针对　当堂达成，抓全体　重育人　整体提升。

复习课 育好一片林

思源学校小张艳，用心教学不一般，人如其课师生和，从容自如成一格。美丽中国复习课，目标明确思路阔；善于挖掘好资源，县城省城到全国；知识提炼有高度，典型题目精选取；学法指导贯始终，培育思维有路径。寄语以后多努力，夯实基础提素养，细节打磨实课堂，专业人生速成长！

2019年12月5日上午，中学组在县思源实验学校进行教学视导，第二节，思政学科听了一节九年级复习课，作课者是该校九年级思政课教师张艳。张艳老师是一位教龄仅有6年的年轻女教师，这节课复习的是统编人教版九年级上册第六课《建设美丽中国》，这节课的基本流程是创设情境引入复习（县城环境今昔对比视频）—出示复习目标—出示自主学习提纲—学生自学后回答—出示省会郑州垃圾分类视频—学生观看视频、阅读材料及设问练习题—教师引导学生分析答题方法及引导组织答案—观看中华人民共和国成立70周年庆典之绿水青山方阵视频—教师引导学生分析答题方法及引导组织答案—教师出示2018年、2019年与本课内容相关的中考题—教师引导学生分析答题方法及引导组织答案—引导学生谈感悟收获—课堂练习—日常生活落实绿色理念教育—课堂结束。

参加听课的有思源学校刘晓东主任、政史地教研组几位老师。思源学校思政学科教师的整体素质水平相对较高且风格较为明显。在政史地教研组组长常云老师的带领下，大家互帮互学，教研氛围比较浓郁。凭着往常的教研活动中对他们的了解，我觉得陈蕊老师沉静内敛，有多年毕业班教学经验，要从课堂大胆从容展示上下功夫；党晓莹老师，语言丰富功底厚，课堂教学节奏感强，应该多参加活动展示自己；常云老师有着很强的驾驭教育教学的能力，课堂风格云淡风轻，扎实有效且走向唯美。这些老师形成合力，潜能被激发，学校的思想政治课教育教学质量就一定能保持区域内的领先水平。

在评课交流环节，我先从王崧舟老师关于课堂教学三种境界的理念谈起，对思源学校这几位政治教师的课堂风格进行了简单的概括，希望她们上出特色自成一格，在专业成长的路上取得长足的发展。

在重点交流这节课的时候，为了提高教研的实效性，我建议老师们不谈优点，因为优点看得见，只谈值得探讨的问题和建议。让张艳老师先说，其他老师一个一个谈且不能重复。大家坦诚、积极地交流一节课的得失，从课堂形式到课堂内容，从环节流程到学生调动，从课堂容量到课堂效率，从课堂资源选取到合理有效利用等，每个人的积极性高涨且谈得深入。两位听课的地理老师也谈得比较好。我想，这应该是校本教研的时效性和意义所在。

最后我结合这节课，谈了自己对复习课与新授课的异同，不同时段、不同课型复习课的不同及上法要求，如何轻松有效上好复习课这三个问题的见解和自己的经验。

就这一个时期的单元复习课来说，应该简化流程，整合资源，提高实效。可本着创景激趣—自主构建知识体系—重难点知识点拨—典型训练—反馈提升（简称导学点练测）。集知识、情境、生活于一体，帮助学生建构、理解，把书上的理论内化于心，才能外化于行，达到复习课既育分又育人的目的。

教学有法，教无定法，贵在得法。新授课好比栽好一棵树，复习课犹如育好一片林。思政课是承担着立德树人使命的关键课程。思政学科

中篇　课堂教学

栽活一棵树不容易，育好一片林更不容易，无论采用什么样的方法，都需要老师们在教学设计上下功夫，依据课标，研究教材、研究学生，用心用情，才能把相对枯燥的理论观点，教到学生的心里。让新时代中国特色社会主义理论悄无声息地浸润学生的心田，让学科素养的种子在学生心中生根发芽，开花结果。如此，我们的课堂才能承载立德树人的特殊使命。

走进课堂，走近老师，和老师们愉快地交流和表达我对学科教学的理解及老师们的希望，更是一件愉快的事情。

复习课要育好一片林，这是知识之林、素养之林，是合格的建设者和接班人之林，是不是也应该是思政学科教师之林，这需要我们的思考与行动……

道德与法治课复习要回归课本

背景：特殊假期，"停课不停学"，按照单位要求进驻几个学校的微信群。看到学校领导和老师们的忙碌尽责，甚是感动。昨天在少拜寺二中九年级质量强化群里，看到道德与法治课刘万庆老师发的批改作业图片，觉得这位老师有经验、有思想，指导学生学习有方。除有仔细的统计外，还有详细的错题指导。其中针对班级出错较多的政治（八）第11题，告诉同学们要回归课本。这一点对学生学习很有帮助，且能提高学习效率，有利于达到统一测试的目的。很值得老师们学习。

借此，谈一下复习阶段道德与法治学科回归课本的重要性。

课本是学科国家意志的体现，集众多顶级专家的智慧编纂，是学生学习本学科最根本的、最好的资源，是学生能力和素养提升的根据地。在长期的毕业班教学中，我常常嘱咐我的学生：课本是你的"老家"，请你千万要重视它。

道德与法治学科三年六册课本是学生学习学科的"老家"，初中阶段三年的学习，学生时刻与课本相伴，"老家"的一草一木（大字课文或相关栏目），一图一画，大多数学生都有深深的印记。无论是新课之后的单元复习课，还是春期的几轮复习阶段，投入不同的时间和精力，引导学生以课本为本，掌握学科基本理论观点、思维规律，分析问题、解决问题的能力和方法，都是很有必要的。

中篇　课堂教学

　　而往年，我在经常的听评课活动中，眼见一些老师抛开课本，完全以某些资料为本，让学生就着资料学习，就着资料画知识点，就着资料找答案，干巴巴地记知识点。老师为讲题而讲题，学生为做题而做题。这些老师误认为，复习课本耽误事，资料走捷径，多做题就可能侥幸碰到一个中考题。其实这样做，一个中考题也不会碰到，也偏离了做题的目的和考试的目的，因而偏离了学科教育教学的目的。

　　用好课本有利于达成做题的目的。做题的目的是什么？做题的目的不是为了做题，而是为了掌握知识、形成能力、提升素养。我认为，考试和做题是课堂的延伸，都是学科教学的一部分。一份好的试卷会说话，一道好的试题能育人。只是课堂有声，试题无声。让学生在做题的过程中不仅能养成一定的逻辑思维习惯和分析、解决问题的能力，还能从蕴含学科知识和方法的试题中潜移默化，明理导行。而这些道理都在课本中。大家知道，我们平时的模拟考试，包括中考在内，试题的答案都在课本中或者从课本的内容提炼而来。会做的重点题和不会做的题让学生回归课本，就在于进一步巩固，从而把知识内化于心。如果不这样做，学生也许一时会做了题，但由于不了解某个知识或道理的来龙去脉而很快忘记，达不到明理导行的目的。解决的有效方法就是引导学生对教材反复学习，举一反三，融会贯通。而就着资料画知识点，远没有唤醒学生的自主学习意识和能力，让学生回归课本找知识点记得清，因为课本学生熟悉，某个知识点的前后左右学生熟悉，便于理解某个知识点的前因后果而加深印象。

　　同理，回归课本，对于学习好《考试说明与检测》的考点非常重要。课本相对于课标和《考试说明》，学生也更熟悉。课标是考试的依据之一，老师必须掌握。《考试说明与检测》是课标的具体化，也是中考的依据之一。里面的内容标准部分，考点集中，需要进行题目化处理。教师可以引导学生比照课本进行自主学习，自主进行《考试说明与检测》中考点的题目化处理。这样形成一个对照，运用自己已有的学习经验进行进一步的学习和提升。充分发挥课本"老家"的功效和挖掘自己的潜能。

在进入复习阶段，让学生做整套测试题后，回归课本依然很重要。我们平时经常说，同学们看看课本，一会儿做题。做了题之后，又说，有不会的再看看课本。但是，有的学生根本不知道怎样看课本。刘老师说的"回归课本"就有了针对性，哪一道题不会，看看课本。从课本中找到相应的知识点，启发自己，再想想该题怎么做。通过做题，老师发现大多数学生的知识薄弱之处，引导学生回归课本，如果能把相关联的知识让学生自己找出来强化巩固，再付之以二次检查，学生的学习效果就会更好。对于初三学生，结合测试，把遗漏的基础知识进行快速巩固，"回归课本"，查漏补缺是必要之举。

我们知道，在某些试卷中，有的题目看着很高大上，材料很新，或者设问新奇，这样的题目，往往困扰着学生，学生读了题目，不知道在说什么，也不知道这道题要考查什么，解答时无从下手。针对这样的题目，熟悉教材依然是根本。生疏的试题无论材料再新，设问角度如何，主要理论依据都来自课本，所以熟悉课本是解答该类试题的根本。当然，由于学科的特殊性，到了春期，我们还要将教材和说明检测对比，新增的说检内容和比较重要的时政内容也可升级为教材，做好新增内容的学习，比如2019年中考试题中饱受众议的"超纲"题第13题，其实，"四个自信""四个全面""两个维护"这些知识点就在说明检测上出现过，作为老师要给学生梳理到位。

建议老师引导学生在一轮复习中对课本不同单元、不同知识点的内在联系进行有效整合，形成一个知识网络，构建自己的学科知识体系，打牢基础，为以后复习铺平路子。然后，在恰当时段，再加强主观题题型的训练，掌握科学的解题方法，通过老师的指导进行专项训练，提高解题速度。比如，大多数老师说辨析题是难题不好突破，我们可以进行专项训练。找往年的中考真题，指导方法—学生练习—教师批改—回归课本—学生改正—熟记相关内容—感悟做题方法。如此反复练习5～10题，学生对此类题的做题能力必然提升，而对于相关考点的掌握也自在心中。练习中涉及的其他相关内容，在其他类型题目中出现时，学生也自然会用。而其他类型题的专项训练回归课本的过程，学生要掌握了相关的知识，在做辨析题时自然也会运用自如。这就是触类旁通的效应，而不是考场上不假思索一直翻书找资料，本该会的基础题也图省事想从资料中找到。

审题能力的培养，也是在"回归课本"中体现出来的。尤其要注重学生考前审题、答题训练，使其向准确、规范要成绩。平时建立错题本或保存自己的试卷，让学生自己写自己的试卷分析，哪道题对了，内容、方法是什么。哪道题错了，错的是知识内容还是方法不当，正确的是什么。进行规范的审题和答题训练，要注意把自己掌握不熟练的问题提炼出来，对于自己没有掌握好的知识，要再一次翻书进一步地理解。每做一题，都要有意引导学生进入思维状态，审慎推敲，明其所问，知其预设，生成思路，择要作答，必要时再翻书，翻书就能找到所需要的知识点。

我县少拜寺二中的刘万庆老师还培养学生审题能力和思维方法。他把每次的测试题做了一个提示板发给学生，把试题的某些句子标注成红色，让学生学会抓住某些关键句子和字词等题眼，启发思考，正确作答。比如，我在某一试题的后面提示学生注意此类题的做题方法。他就在下边标注了这一题的做题方法，并且在讲解后，在答案版上也标注这一题的答题方法。这一点也值得老师们学习。有这样尽心尽力的老师，是学校和学生、学科之幸。

我们一定要知道，越是在中考的冲刺阶段，越需要回归教材。往往在中考前夕，我们给学生几天时间让学生回归课本，可是，此时的学生如果没有回归课本的习惯养成，他也不知道怎么回归，时间也往往被浪费。如果养之有素，就会提高效率，有重点回归。中考开卷考试要想得高分，必然是对课本烂熟于心，而不是抛开课本侥幸抄袭。

课本是学习和考试的根本，是培养学生学科素养、达成教育教学目标的重要资源。请一定要重视。

课堂教学的最高层次是唤醒

全国小语泰斗于永正老师在2017年12月8日凌晨驾鹤仙去。几天来，朋友圈里都在传着纪念于老先生的文章。作为一个小县城的初中思政课老师，我只是久闻于老师的大名，对于老师的教育思想和教学主张略微知道一点，遗憾的是，从未有机会听过于老师的讲座或观摩课之类的。

让我一下子记住于老师并对之深深敬仰的是他说的"5×3=14"。

这是大约十年前读一本书中的一个案例。张仁贤主编的《高纬度教育教学系列丛书》之一《教师如何上好课》第一节后面思考题中讲的：

著名特级教师于永正先生在论述自主、合作、探究的学习方式时说："有人用三个算式分别表示三个层次的教学。第一个层次的教学叫'告诉'，用'5×3=15'来表示；第二个层次的教学叫'启发'，用'5×3=？'来表示；第三个层次的教学叫'唤醒'，用'5×3=14'来表示。是呀，5×3怎么能等于14呢？不对吧？于是大家都会瞪大眼睛，去探究，去思考，唤醒所有学生，调动所有学生的积极性，让所有学生都投入到学习中，这是最理想的教学境界。我努力向第二、第三个境界迈进。凡不需要告诉的，则不告诉；非要告诉的，也不马上告诉，到了不得已，才告诉。"

读到"5×3=14"这个算式时，也让我瞪大了眼睛、产生了疑问并接着向后看，去探究，去思索……瞬间打开了我的教学思路，理论上不自觉地提升了我的教学境界。

记得有一年暑假，一次去一个乡镇进行新课改教师能力提高培训时，我就用于老师的这个算式创设了一个情境，当时我首先问在座的有数学老师吗，在得知有几位数学老师后，我说请大家帮我思考3乘5等于几，三个人不假思索地回答等于15，我让他们再思考一下，只有最后一位老师说，以前我认为等于15，现在我觉得可能有别的答案，我下去后探究。于是我就给老师们讲了于老师的三个算式和我对算式的理解……就这样开启了新课程理念几个关键词的解读。唤起了听课老师探究的热情和思考的智慧，就有了一场愉快清新的培训课堂之旅。

于永正老师的三个算式分别表示了教学的三个层次，"5×3=15"是直接"告诉"学生结果，这是典型的灌输、填鸭式教学，在新课程改革之前，这种教学形式普遍存在。这种教学方式折射的教学理念就是教师是主动的，学生是被动的。它忽略了学生是独立的有思想的鲜活的个体，忽略了学生学习最终是学生自己的事情，不知道学生学习是教师不能代替也代替不了的。在这种教学理念的支配下，学生的学习方式是机械的，思维是僵化的，更谈不上创新能力的培养了。第二个算式"5×3=？"是启发式教学，这种启发式教学古已有之，"不愤不启，不悱不发"，正是启发式教学的最好写照。这种方法在新课改实施十多年后的今天，很多老师都能有意识地使用，学生有了独立思考的机会和空间，思维能力得到了一定程度的训练。第三个算式"5×3=14"是新课程提倡的"创设情境教学法"，也就是真正的自主、合作、探究的学习方式，教师创设一定的情境，唤起学生的好奇心，激发学生的求知欲，在这种情境中，学生才能真正实现自我学习、合作学习，才能真正实现自主探究，让学习在学生身上发生。

在读到这个算式后，那几年的课堂教学中，我常常变换运用这个算式，在开启新课的时候，在学生问我问题的时候，在突破教学重难点的时候，在课堂遇到学生唱"反调"的时候，我时常创设情境，有时甚

中篇 课堂教学

至装傻充愣，让他们多想想，或者把"皮球"踢给我认为能解答好这个问题的同学，让他们相互促进，再借机表扬他们每一个人，以此让他们都能从内在提高学习的兴趣和学习能力以及学习成绩，从而提高学习这门课的幸福指数，打心眼里认识到学习思政课对自身健康成长的重要意义。

初中道德与法治课是一门集政治性、思想性、综合性、实践性于一体的课程。教材文本虽然追求图文并茂，但是理论依然相对枯燥，有的理性较强，要想上好课，除我们教师要认真钻研教材，提高自身的教学素养外，还要注意激发学生的学习兴趣，使学生乐于学习、主动学习、真正学习。于老师的"5×3=14"这个算式，告诉我们在熟练驾驭教材知识、掌握充分的课程资源的同时，还需要充分地激发初中学生的兴趣点，设疑、解疑激发兴趣；如何激发学生学习思政课的兴趣，如何创设情境，如何解疑设疑，都是一门值得探究的艺术，一个值得长期研究的课题，需要我们对学科教学的无限热爱和真情投入。

德国教育家第斯多惠说："教学艺术的本质不在于传授的本领，而在于激励、唤醒和鼓舞。"我国当代著名教育家叶圣陶先生说过，教是为了不教。我们也常说，让学生学是为了让他们会学。对于今天的初中学生来说，学习的自觉性和学习能力还不强，需要我们积极创设各种情境来唤醒他们的学习潜能，从而更好地组织教学，达到既教书又育人的目标。

5×3=15（告诉），5×3=?（启发），5×3=14（唤醒）。三个算式，三个层次；三个算式，三种不同的学生观和教学观。在新课程改革下，我想现在大多数老师都已经站在了第二个层次，自觉运用第二种教学方式实施教学了，也有一部分教师，尤其是一些教育界的名流，已经站在了第三个层次，用第三种教学方法实施教学了。我们要在实际的教学实践中，认真践行这些理论，且行且思，为实现"5×3=14"的境界，上下求索。

斯人已去，精神永存。于老师还提出了"三本五重教学法"，即以人为本、以读为本、以创为本，重情趣、重感悟、重积累、重迁移、重习惯。他的教学法不仅是小学语文学科的，对我们初中思政学科也有很大的借鉴意义。于老师积累五十年教育经验，写了好多书，在全国各地做学术报告2000多场次，上公开课3000余次，发表文章百余篇，出版《于永正课堂教学教例与经验》《于永正语文教学精品录》《教海漫记》《于永正与五重教学》《做一个学生喜爱的老师》等多部著作。于老师一生积累的教育智慧，将激励后学，薪火相传，教育留痕，英名永存。

我从于老师的算式中深深地体会到：课堂教学的最高境界是唤醒。实践于老师的教育智慧，做一个唤醒和被唤醒的老师；读于老师的书，做学生喜爱的老师。

化"失"为"得"是为智也

《教育大辞典》里说，教学机智（wisdom of education）是指善于根据情况变化，创造性地进行教育的才能。教学机智浅言之就是教师在教学过程中临场发挥的灵感教学。

2018年11月9日，教学视导古城一初中。上午第二节，听九一班思政课。本期教九年级的依然是该校有思想、有能力，又幽默风趣，有着多年毕业班教学经验的刘延昌老师。刘老师执教的是粤教版九年级第四单元第一课的第一框题《科学技术是第一生产力》。

上课伊始，刘老师以资本主义世界发生的三次科技革命带来的社会生产力巨大飞跃为话题引入新课。设置恰当的思考题目，启发学生举例说明我国科学技术方面取得的成就，并结合日常生活谈谈带来的影响，学生在老师的启发下勇于回答，老师恰当点拨。前十分钟内课堂进展顺利。刘老师能够融合人教版内容，并恰当结合时政进行课堂设计，引导学生按照科学技术的作用，我国的科技现状，国家怎么做这样的知识逻辑进行学习，在课件中也有显现。然而，这节课有两个不利因素影响了刘老师水平的发挥。虽然如此，这节课仍因延昌老师的智慧而使课堂不乏很好的教育意义，也为我们反思自己的课堂，进一步上好课、搞好教学提供很好的借鉴。

初冬时节天气渐冷，外面有风，气温相对较低，教室里相对暖和。我们上课的教室距离学生餐厅很近，教室里飞进来几只苍蝇，在讲台桌附近盘旋，就是不肯离去，老师手持蝇子拍不时地在那里撵苍蝇，一会儿又飞来了。老师自己感觉有点不好意思，索性自己风趣地说："看来老虎苍蝇真得一起打。"就又撵了几下，同学们发出会心的笑声。这一幽默让学生在心里意会了前边学过的依法治国、公民依法参与公共事务等内容。这一幽默变课堂不利因素为教育资源，不失为处理课堂小细节的明智之举。

另一个更为不利的因素是这一节的课件播放常出故障，教学进程经常被打断，致使很好的教学设计难以顺畅地呈现出来，教师自身的魅力也不能很好地散发，大大降低了教学效果。这一点，在乡镇的学校，估计平时也不怎么使用课件辅助教学。安装在黑板中间的一体机，可能平时也是无人问津，起不到应有的作用。今天为了应对县里的教学视导，提前做了课件，也备足了课。由于平时不用，操作不熟练，机器也不配合，该到下一张了，又点到上一张了，该点一下才出来的，结果自动出来了，学生还没有来得及思考，老师还没有来得及问，答案就自动出来了。刘老师还不时地自嘲说，看看，这么好的教育科技装备，平时不用，用的时候却出现了这样的现象。

就这样，磕磕绊绊地进行完了。离下课还有一小会儿时间，刘老师满怀歉意地走到后边，说："剧老师，没办法了，你看就这样吧。"我抬头看看，此时的刘老师额头上还在流着汗，就说，之前交流的时候我就说你不用课件也一定能上好课的。同学们见我说话，就都向后看我。我顺势站起来，说："同学们，以你们老师的素质，如果不用课件今天的课一定能上好，能让大家透彻地理解课文。用了课件反而因操作不当出现失误，影响大家的听课和学习效果，这正说明了科学技术在教育教学中的重要性。在一些多媒体应用广泛的学校，课件往往是师生共同完成的，如果有同学会了以后可以上去帮助老师，也锻炼自己。我认为，联系咱们今天的课文内容，今天的小意外，反而更具有教育意义，从另一个角度启发同学们，平时要好好学习，善于钻研一些应该学会的技术，逐步掌握先进的科学技术，长大为科教兴国战略、为中国梦的实现做出应有的贡献。"同学们心领神会，不自觉地鼓起掌来。在场听课的领导和老师们也发出会心的笑声。我觉得这掌声是同学们对自己老师的宽容和鼓励，更是这节课在幼小的心里留下要努力掌握先进技术的心理印记。

新课改理念下的课堂，多媒体普遍进入，多媒体课件已为提高思政课堂教学质量发挥了重要作用。思政课是一门包括政治建设、经济建设、文化建设、社会建设、生态文明建设等多方面内容的学科，概念和道理大多较为抽象，单靠语言和文字描述，学生很难理解。通过多媒体能变抽象为形象，使学生容易了解思政学科的有关概念和道理，还能使教材相对滞后的内容时代化，有利于激发学生的学习兴趣。比如这一课时，港珠澳大桥等我国科学技术方面取得的巨大成就系列新图片和文字用课件出示，启发学生思考得出教材结论，就能避免教材某些材料的相对滞后，体现思政课与时俱进的时代性特征。但是，媒体仅是传递教学信息的手段和工具，作用重在辅助，需要用得娴熟。教师是主导，学生是主体，媒体选用是否能发挥最大功效，取决于教师自身的素质和学生的接受程度。如果用得不好，或滥用反而适得其反。新课改十多年，课堂教学实现了理性的回归，不用到媒体的课也不一定不是好课。只要教师启发得当，教学设计流畅，重点难点突出、突破到位，学生学得自如，学得愉快，课堂目标有效达成，师生共同成长的课就是好课。

前一段在浙江学习，浙江大学的刘力教授就是不主张使用多媒体课件的流派代表，刘教授给我们讲座时，明确说明浙大一些学生不喜欢教授使用课件，放了这一张就知道下一张了，阻碍学生思考。他自己也不使用手机上网，到现在只用一个老年机接打电话，留下更多的时间思考教育。也难怪有人曾说过："PPT就是骗骗他，无非是给自己提个醒，别忘了下边要讲的内容。"这个观点我也很赞同，精美的课件要求技术高，得花很多工夫制作，是一般老师做不来的，与其让时间浪费在下载组合课件上，不如发挥自己的特长想想如何上好课。我们南阳的思政学科泰斗徐大柱老师讲座，也很少用或不用课件，自身魅力散发，讲座入脑入心。我们县内的以宋小平老师为代表的一些老师，不用课件辅助讲课，大家对他们的课都很赞服。所以，学会一些制作技术，让课件辅助教学是我们的基本功，如果实在不行，那就用自己的方法，把自己的课教到学生的心中。

教学是一门艺术，处理好教学失误也是一门艺术，当小失误已不可避免地摆在眼前时，教师不能惊慌失措，也不能漠然视之，要沉着冷静，琢磨怎么利用好课堂的课程资源，灵活变通，使失误不再是课堂的瑕疵而变成课堂的美丽，使课堂的价值得到实现。课后交流的时候，延昌老师说，没法了，把这个问题抛给了剧老师。我也记得某一位专家讲过，课堂听课的老师也是你的课堂资源，要学会有效地利用。今天也是不自觉地验证了这个观点。

再好的课也有遗憾，有教学就可能有失误，教学失误作为一种课堂现象是普遍存在的，如果我们教师在一堂课下来，没有意识到自己的失误之处，那么这堂课的质量就值得怀疑，课堂是动态的，面对的对象也是有着不同思想的鲜活的中学生。教学失误为我们认识教学的本质提供了全新的视角，也是帮助我们发现和提高课堂教学质量的新途径。延昌老师今天处理这两个课堂不利因素的方法，体现了他具有处理课堂偶发事件的教学机智和能力，值得我们学习。

记得几年前一次县里的名师课堂赛课中，我县滨河二初中的王海燕老师，执教九年级《民族精神　兴国之魂》一课时，由于是借班上课，赛点学校城郊一初中课改真做真抓，学生课堂探究习惯和素养较高，大有不探明缘由不罢休的精神。在探究民族精神的重要性时，在小组评价环节，一位同学对于上一组同学展示的民族精神重要性的三个方面中，第一个要点"民族精神是指民族文化中维系、协调、指导、推动民族生存和发展的精粹思想，是一个民族赖以生存、共同生活、共同发展的核

165

中篇　课堂教学

心和灵魂"中的第一句"民族精神是指民族文化中维系、协调、指导、推动民族生存和发展的精粹思想",不太理解。请展示组的同学解释,展示组的同学解释之后,这位同学仍没有完全理解,展示组代表就请老师讲解。海燕老师就从民族文化、民族传统美德等在社会发展进程中的作用来讲这个问题,其间又讲到了民族文化、传统美德和民族精神的关系。学生表示理解了之后,又转而问到,我觉得这一句话可以作为民族精神的定义,但是为什么是精神又说成是思想了。这样来回几个回合,课堂一时僵持,同学们都很期待地看着老师,教室很静,但是瞬间缓解,海燕老师凭借自己扎实的"内功",给学生讲了下定义的含义。海燕老师讲:"这句话是采用下定义的方式表明民族精神的重要性,大家在语文课上学过一种说明方法叫下定义。下定义是一种用简洁明确的语言对事物的本质特征作概括的说明方法。往往要把被定义的概念放在一个大的概念中,所以才有了这样的表述,既可以作为民族精神的通俗定义,又可以说明其重要性。我同意展示组的同学把民族精神的重要性概括为三点。我不知道这样的讲解大家能不能理解。"这样的解释使那位同学终于完全明白了。全体同学自发报以热烈的掌声。海燕老师泪眼蒙眬,满怀激动地说:"谢谢同学们,大家的探究精神带动了老师。"这节课进行到最后,海燕老师和同学们告别时又谦虚地说:"谢谢同学们,这一节不是老师在为同学们上课,而是同学们给老师上了一课。再见!"同学们掌声再起。那一课,海燕老师获得了选手中的最高分。这与她恰当地处理了这个课堂意外有着直接的关系。试想一下,如果面对学生的质疑和探究无以应对,置之不理,课堂意外就会演变成课堂失误甚至课堂"事故",挫伤学生学习的积极性,致使课堂教学效果大打折扣。

教学机智考验了教师面临复杂教学情况所表现的敏锐、迅速、准确的判断能力。这往往是教师在教学过程中面对特殊的教学情境最富灵感的"点睛之笔"。海燕老师的点睛之笔使课堂意外变成了美好的课堂故事。

教学机智在课堂教学中的运用主要体现在对课堂偶发事件的处理上。课堂偶发事件的发生，对教师来说既有不利于正常教学的一面，也有有利于正常教学的一面。只要掌握教学机智的运用策略，就能使偶发事件经过教师及时、巧妙、灵活的处理，对教学起到烘托、补充和增效的作用。

思政课教师要形成有效的教学机智成为课堂调控的高手，需要从以下几个方面努力：①保持平和的心态。②对课堂意外持欢迎态度。③具备瞬间捕捉信息的能力和调整课堂策略的能力。④多学习、多积累、多反思、多总结，练好自己的"内功"，具有丰富的知识面，高尚的人文情怀，精深的专业功底，事件反思中不断提升的教育智慧。

化"失"为"得"，捕捉课堂意外中的精彩，生成思政课堂的美丽，让我们共同努力！

教学目标是一面镜子

——例谈教学目标的精准设计与表述

很早就想写一篇关于教学目标的文章了，而且在近几年的县级优质课大赛中，我也更多地关注教学目标——课堂教学目标的达成问题。终感理论水平有限，难以下笔，今天拿到县里一位初中道德与法治课老师参赛市级优质课大赛的教学设计，大致浏览，又激起了我关于"教学目标"一系列问题的思考。

传统意义上的教学目标与核心素养时代教学目标的区别是什么，教学目标与课时教学目标的不同，教学目标该怎么样表述，教学目标该怎样落实等，对这些问题的思考是教师上好一节课的关键要素。

这位老师选的是现行义务教育《道德与法治》九年级上册第八课第一课时《我们的梦想》。他对这一课时的教学目标是这样表述的：

【知识与技能】

1. 了解"三步走"战略目标、"两个一百年"奋斗目标，理解中国梦的内涵及实现中国梦的重大意义。

2. 了解中国特色社会主义伟大事业取得的新的伟大成就，理解中国特色社会主义进入新时代的重要意义。

3. 了解如何全面擘画中国特色社会主义的伟大事业以及从2020年到21世纪中叶可分为哪两个阶段来安排。

【过程与方法】

1. 培养学生收集、分析材料的能力和理论联系实际的能力，理解全面小康的内涵。

2. 提高正确表达能力，特别是关于"三步走"战略目标、"中国梦"和"新时代"等问题的语言表达能力。

3. 培养学生合作探究、归纳概括的能力，以明确实现中国梦和走进新时代、开启新征程的意义。

【情感、态度与价值观】

1. 在保持高度的民族自尊心、自豪感的同时能客观地看待现实生活，保持清醒的头脑。

2. 认同社会主义主旋律，保持高度的爱国热情和主人翁意识，增强社会责任感。

从他的表述来看，这一课时的教学目标分三个方面，三维目标清晰，语言简练。但是，仔细推敲，语言显得空乏，主体不明，大多来自教学用书语言，针对性不强。就过程与方法目标来看，"培养学生"体现的是教师的教学目标。而知识与技能，情感、态度与价值观目标指代不明。知识与技能的三条目标中，1和3完全可以整合表述。

我们通常说的教学目标其实就是在某一时段的教育教学活动中基于课程、环境、施教对象学生等的综合考量所要达到的目标或完成的终极任务。有人把它叫作学习目标，其实，学习目标和教学目标是有区别的，学习目标是对学习者通过学习活动而达到的知情意行的变化和提升，主要描述学习者通过学习活动后，预期产生的思想和行为变化。

有人说教学目标是课堂的灵魂和方向，是课堂教学的出发点和归宿，也是教师教学行为和学生学习活动的落脚点，甚至有人说教学目标是课堂教学的诗和远方，如此等等，说的都是教学目标的重要性，其实教学目标就像一面镜子，照出教师在课前对教材、对学生、对课程资源的把握程度和设计程度，在课中，能照出对课堂教学的调控能力，能不能根据目标处理教学因素临时的变化，或根据教学情境的变化临时调整教学目标，在课后，能照出学生的思想行为是否达到或趋近目标要求，从而检验出教学效果。这面镜子，也能照出教师和学生自身的成长和进步。

在近几年的县级优质课竞赛中，我不止一次地对参赛教师提要求，要关注教学目标的设计和表述，只有这样，才有利于后续教学任务的完成，目标才能落地。教学目标的设计和表述非常重要，我一直非常关注。从教师的角度来看，教学目标决定着教学的方向，是教师确定教学重难点、加工教学内容、开发教学资源、选用教法学法以及进行课堂反馈评价的基本依据。同时，教师还要依据教学目标对比反思教学效果，分析发现自己教学中存在的问题并加以改进和完善。从学生的角度来看，教学目标是学生的学习目标，是引领学生学习的航标，明确的课堂教学目标能唤醒学生学习的期待，引发其实现目标的欲望，激励学生努力学习。近年来，有的教师在教学设计中，将教学目标索性就设计表述为学习目标，以求更好地凸显教学的主体性，也不失为一个好办法。

教学目标的设计和表述不能随心所欲，要遵循一定的原则。首先要依据课程标准和其他的学科纲领性文件、教材、教育规律、学生成长规律等，要具有科学性。要体现"知识与能力，过程与方法，情感、态度与价值观"三个维度，做到三者有机融合，这是融合性。教学目标是否实现取决于学生的学习结果，应以学生学习后的素养状态来表达，这是教学目标的主体性。所以在确定教学目标时，要做学情分析，要适合施教学生的年龄特点和个性差异，是具体的、可操作的，还可根据教学实际进行灵活调整，可以因校、因课、因班制宜，由教师根据具体教学实际编制。每一个具体的教学目标并不是都处在一个层面上，而是层级分明、连续递增的，这是教学目标的层级性。一般来说，教学目标清晰、明确、具体、可行，有利于其在实践中顺利达成。

由传统的应试教育到新课程改革提倡的素质教育，再到国家教育事业的近三十年的发展中，关于教学目标的发展也经历了很大的变化，由刚开始的目的要求，到后来的知识与能力，再到后来的三维目标，直至今天三维目标整合后的素养目标。

教学目标的书面表达形式就是为了某一课程的实施，把这一课程的培养目标，以一定的形式明确清晰地表达出来。它可以分为课程教学目标、分册教学目标、单元教学目标、课时教学目标等。这些目标是教师课程教学具体操作的指南。

根据2018年1月教育部颁布的《普通高中思想政治课程标准（2017年版）》指出，思想政治学科学生发展核心素养应包括政治认同、科学精神、法治意识、公共参与。这给初中思政学科教学目标的设计指明了新的方向和要求。我们在教学目标的设计和达成方面要整合三维目标，指向学生发展核心素养。

随着"核心素养"新概念来到中国，来到我们的课程中间，学科的"核心素养"目标逐步取代三维目标成了新课程改革的重要理念。相关专家和教师也开启了核心素养视域下如何撰写教学目标的研究，2022年版的义务教育道德与法治新课标中，明确了道德与法治课程的目标是培育学生的政治认同、法治观念、道德修养、健全人格和责任意识五大方面的核心素养。在核心素养理念下，到底该怎样叙写道德与法治课程的课时教学目标？

核心素养目标不是凌驾于三维目标之上，也不是凭空产生的一个新概念，而是在关注人的全面发展基础上的具体到课堂教学的具体化的育人目标，是更多地关注人，关注人在学得本课程之后习得的适应未来发展所需要的必备品格和关键能力。而这些能力也同样离不开知识的理解和感悟基础上的能力的锻炼和素养的提升，因此核心素养是三维目标的统整和融合升级。鉴于道德与法治课程的政治性、思想性、综合性和实践性特征，核心素养目标是学生通过课堂活动体验式、浸润式的形成的，不是教师强加给学生的。所以在叙写的时候也应该是通过主题、话

中篇 课堂教学

题加活动的形式而达成目的的。一般的表达方式应该是：通过+行为动词+行为指向+行为目的，里面也一定暗含了主语和宾语。就像之前的三维目标一样，其实不列条注明每一项，反而更符合学科特性，润物无声，易于被学生接受。

简言之，一节课的教学目标要根据课程标准、教学内容和基本学情等诸多元素来确定。承载教学目标的基本的知识载体则是这节课的教材文本内容。有时一节课的内容可以蕴含不同的素养目标，有时一个素养目标需要多个课时的内容来共同承载才能实现。在续写教学目标并完成的时候，需要看自己是以什么样的主题或话题来切入。"以话题，讲主题，育素养。""当同一教学主题在教学中与多个核心素养要素关联时，呈现课程目标的基本原则是：主要呈现的在先，次要呈现的在后，没有呈现的不要写。不能为了体现核心素养培育，在每一节课中，把几个核心素养要素全部罗列出来，也不要按照课程标准罗列额顺序呈现核心素养在具体教学设计中的先后顺序。"（李晓东教授语）

鉴于对以上这些问题的思考和回顾。我认真研究了九年级上册第八课第一框的教材文本，结合九年级教材的整体性，我先写下了本单元的单元目标，再根据单元目标和本地九年级学生的学情，设计出第八课第一课时的目标。

我对九年级上册第八课第一框《我们的梦想》教学目标是这样表述的：

1. 通过学习本框，引导学生坚定为实现中华民族伟大复兴而奋斗的信念，增强责任感和使命感。感受我国社会主义现代化建设所取得的伟大成就，领会中国特色社会主义进入新时代的重大意义。坚信新时代中国特色社会主义思想是全党全国各族人民为实现中华民族伟大复兴而奋斗的行动指南。培养政治认同、科学精神等核心素养。

2. 通过学习本框，引导学生在面对价值冲突叩问内心的思考中，培养用历史的发展的观点看问题的能力、信息搜集的能力、理论联系实际的能力。

3. 通过学习本框，引导学生知道中国梦的内涵，了解党在社会主义现代化进程中提出的"三步走"战略目标和"两个一百年"奋斗目标，以及新时代中国特色社会主义发展的战略安排，理解中国特色社会主义进入新时代的重要意义，知道习近平新时代中国特色社会主义思想的重要地位。

这样的目标设计与表述，兼顾了三维目标，最终指向对学生核心素养的培育。

教学目标在教育教学过程中发挥着很重要的作用，决定着整个教学的方向和性质。它具有导向功能，它支配和指导着整个教学过程，整个教学过程都要围绕着教学目标而展开和推进。教学目标还具有控制功能，一经确定，就控制和约束着一个个具体的教学活动。它能把教学人员、行政人员和受教育者、教学资源和媒介等各方面的力量有效地凝聚在一起，为实现这一目标而共同努力。去年秋期，我曾进行过本课时教学的试教活动，在适宜的教学目标的导向下，我设计了环环相扣的教学千年寻梦、梦的理解、梦的征程三个环节，在教学活动中我时时参照把教学目标作为一面镜子，及时调控教学行为和学生的学习活动，收到了良好的教学效果。

一堂关于诚信人生的谈话

道德与法治课程是以初中学生逐步扩展的生活为基础，以引导和促进初中学生思想品德发展为根本目的的一门综合性课程。因此，情感、态度与价值观目标应放在三维目标之首。近年来，唐河县教研室积极倡导"学、探、测"三步六环教学模式，强力推进课堂教学改革。在模式教学环境下，如何实现思政课的情感、态度与价值观目标，是每位教师必须面对和研究的问题，笔者在推门听课的过程中发现一些教师的草根方法，用风格显特色，用人格育品德，为我们树立了学科自信。宋老师执教的粤教版八年级上册《思想品德》中《诚实守信》一课为我们提供了研究的范例。

一、情境导入

师：同学们，我们以前听说过"一诺千金""立木取信""曾子杀猪"这些成语故事吗？

学生共同回答："听说过"。

师：既然同学们都听说过这几个成语故事，那么哪位同学能站起来说一说这三个成语的意思呢？

好多学生举手。

师：全溢同学，请你站起来给大家解释一下。

全：一诺千金的意思是许下的一个诺言有千金的价值，比喻说话算数，极有信用。立木取信的意思是一个人在南门上立下一块木，悬赏壮士搬走它，以此获得了人民的信任。曾子杀猪的意思是曾子为了不失信于小孩，竟真的把猪杀了煮给孩子吃，目的在于用诚实守信的人生态度去教育后代、影响后代。

师：全溢同学回答得非常好，大家给他掌声鼓励。（学生鼓掌）

师：那么这三个成语故事有没有共同点？是什么？

生：共同点是守信用。

师：这就是今天我们所要学习的问题。（板书：2.1诚实守信）

【观察与体悟】

接着老师立即侧着身子边说边板书课题2.1诚实守信。板书适时恰当，自然而然体现了一个老师深植于内心的素养。浑厚的中低音和挂在脸上的微笑，自然的亲和力；没有过多的言语，但似乎少一句也不行；提供了一个情景空间，让学生自己去发挥；整个教室似乎形成了一个"场"，以他为中心散发和聚拢的气场。

二、讲解新课

师：下面请同学们把课本打开，翻到课本的第34页，请同学们用5分钟的时间阅读课文的第一目"内诚于心，外信于人"。同学们在读课文的过程当中，思考黑板上的几个问题。

学生阅读课文，教师书写问题。

一、内诚于心，外信于人

1. 诚实的内涵

2. 诚实的表现

（1）对自己

（2）对他人

3. 诚实守信的重要性

（1）对个人

（2）对企业

（3）对社会

待学生读完后，教师找学生回答黑板上书写的问题。

师：王婷婷同学，请你站起来给大家总结一下诚实的内涵是什么。

王：诚实就是实事求是，表里如一，说实话，做实事，不虚伪，不夸大其词，不文过饰非。

师：王婷婷同学总结得非常好，请坐下。

然后教师板书：

1. 诚实的内涵

诚实就是实事求是，表里如一，说实话，做实事，不虚伪，不夸大其词，不文过饰非。

师：那么诚实又有哪些表现呢？哪一位同学找到答案了？请举手。

同学们举手。

师：李越同学，请你站起来给大家总结一下。

李：诚实的人对自己是诚实的，这就意味着不自欺，内心坦坦荡荡，不说违心的话，不做违心的事，问心无愧，获得精神世界的清朗愉悦。诚实的人对他人诚恳实在，不说假话，不做假事，言行一致，恪守诺言，履行约定，从而获得他人的信任与尊重。

师：李越同学总结得非常到位，请坐下。

然后教师进行总结板书：

2. 诚实的表现

（1）对自己：不自欺，内心坦坦荡荡，不说违心的话，不做违心的事，问心无愧。

（2）对他人：诚恳实在，不说假话，不做假事，言行一致，恪守诺言，履行约定。

师：同学们，诚实的表现我们已经了解了，那么诚实有哪些重要性呢？哪位同学愿意站起来说一下？

学生举手，老师挑选学生站起来回答问题。

师：张英飒同学，请你给大家说一下。

张：①只有在一颗诚实的心中才能够生长出善良、正直、勇敢、谦逊的美德。②只有诚实守信，才能建立起良好的人际关系，打下牢靠的事业基础，取得坚实的人生业绩。③只有人人诚实守信，社会秩序才能有条不紊，文明进步才有可能。

师：张英飒同学的回答对不对？

学生齐回答：对。

教师归纳板书：

3. 诚实的重要性

（1）只有在一颗诚实的心中才能够生长出善良、正直、勇敢、谦逊的美德。

（2）只有诚实守信，才能建立起良好的人际关系，打下牢靠的事业基础，取得坚实的人生业绩。

（3）只有人人诚实守信，社会秩序才能有条不紊，文明进步才有可能。

师：同学们，我们刚才了解了诚实的内涵、诚实的表现和诚实的重要性，那么哪位同学能够站起来给大家说一些生活中我们所了解的有关诚实守信的格言呢？

学生谈论后举手，教师提问。

师：曲良平同学，请你站起来给大家说一说你所知道的有关诚实守信的格言。

曲：小信诚则大信立。——韩非子

人生在世，如果失去信用，就如同行尸走肉。——赫伯特（英国）

师：实际上，在日常生活中，只要我们留心，就会搜集到好多关于诚实守信的格言。那么又有哪位同学愿意站起来跟大家分享一下你平时看到或者听到的有关诚实守信的典故呢？

学生思考、讨论后，一位同学站起来跟大家一起分享自己以前搜集到的有关诚实守信的典故。

177

师：同学们，在我们的身边有这么多有关诚信的典故，那么我们日常生活中应该怎样做呢？下面，我们来学习课文的第二目：拒绝谎言，诚实做人（板书）。哪位同学愿意站起来给大家列举我们身边的不讲诚信的现象？

学生讨论后，举手准备发言。

师：周佺同学，你站起来给大家说一说。

周：①在学校：抄袭作业，考试作弊。②在家庭：父母不兑现诺言，子女欺骗父母。③明星代言虚假广告；生产销售假冒伪劣产品；制作假公章、假发票等。

师：周佺同学说得非常好，非常全面。生活中有这么多不诚信的现象，那么同学们有没有想过，这些谎言出现的根源是什么？有关这个问题，请同学们阅读课本第35~36页《拒绝谎言　诚实做人》这一栏目，并从中找出问题的答案。

学生阅读课文，随后举手发言。

师：请李佳文同学站起来给大家说一说。

李：有两种情况：说真话对自己不利，说谎对自己有利。

师：请坐，李佳文同学找得非常对。在利害关系面前，人们的道德行为会经受考验。说实话、真话，有时候是不容易的，需要鼓起勇气，抹开面子，甚至承受压力，承担利益损失。生活中我们提倡讲真话，不说假话，那么说假话、谎言有哪些危害性呢？有的人认为，生活小事，撒点小谎，无伤大雅，只要原则问题不说谎就行了。其实，撒谎往往像身体上生出的溃疡，它会从小处向大处扩展。在小事上撒谎，同样会污染自己的人格，使道德底线在心灵中后退。谎言是我们在道德成长路上要踢开的绊脚石。

同学们，既然谎言有危害性，是不是要求我们在任何时候都要讲真话、说实话呢？

杨峥同学，请说一下你的见解。

杨：诚实是拒绝谎言，但却不排除必要的沉默。我们有权利保留自己的隐私，也应该尊重别人的隐私，要懂得在适当的场合和对象面前适当地说话。不分场合和对象，将不适当的话和盘托出，即使说的是真话，那也不是诚实的要求。

师：杨峥同学说得非常好，大家鼓掌。（同学们鼓掌）既然有些时候要保持沉默或者是说一些"善意的谎言"，那是不是有违于我们今天所学的诚实守信呢？尹佳瑶同学，请你给大家说一说你的看法。

尹：出于安慰、鼓励、帮助他人的目的，将一些负面的事实加以掩饰，那是与人为善的行为，与不负责任、不讲信用、损人利己的弄虚作假行为不能相提并论。

【观察与体悟】

学生阅读课文，教师书写问题，待学生读完后，教师找学生回答黑板上书写的问题。学生回答的同时做适当点拨，并板书要点。问题与板书设计有机融合，学的环节是自学提纲，探究环节是问题设计，小结时相机而用，简明扼要，辅助教学……学生在学习提示、时间要求等清晰的指令下进行，学习展示中教师适当点拨。

……就这样不知不觉中学完了一目又一目，于重点处展开讨论，没有单列的拓展延伸环节却让学生经过思考讨论，说出了许多关于诚信的格言、典故；于难点处释疑解惑，没有形式的热点链接却让学生分析出了当今社会上和校园里存在的不诚信现象；一课三个目，在他的引领下，不知不觉就学完了。检测环节，有精练恰当的选题和学生的演板。学生的演板和老师的板书在黑板上的位置就好像量过一样恰当，于无声处课堂锦上添花。课前没有出示教学目标，但目标自在人心、在师心，春风化雨入生心——诚信是金，做个诚信的人。

三、学习检测

师：同学们，我们认识了诚实、诚实的表现、诚实的重要性以及说谎的危害性和诚实与"善意的谎言"之间的联系。我们究竟掌握了多少呢？下面请同学们把导学案拿出来，翻到第13页，让我们来检测一下本节课的学习效果。请同学们做导学案上的第3、4、6、7题，同时我找4个同学上来把该题的答案写到黑板上。张晶钰第3题，韩平第4题，杨敏茂第6题，刘婷第7题。

四位同学到黑板上书写答案，其余同学在导学案上书写。四位同学书写完毕，教师讲评。

师：从同学们做题的情况来看，绝大多数同学能很好地回答这几个问题，说明这节课所讲的内容同学们已经很好地掌握了。同学们，我们今天已经学习了诚实和诚实的重要性，那么在以后的生活中我们要做一个诚实守信的人，同学们能做到吗？

学生齐答：能做到。

师：很好，同学们这节课我们就上到这儿，下节课再见。

【观察与体悟】

整堂课学生学得轻松、学得有序、学得有效，这样的课堂于无模中有模，于无形中有神，于平淡中见真奇。我觉得这才是新课改背景下我们呼唤的"家常课"。曲终收拨当心画，结尾处明确目标、导之以行，做一个诚信的人。

那次听课回来以后，我整理出课堂实录，仔细研究，这样的"老办法"实实在在地贯彻了课改理念和"学、探、测"三步六环教学模式。只不过老师似乎不是在讲课，而是在聊课，我和在场的各位老师和同学不是在听课，而是在听一场关于诚信人生的谈话。

模式无情人有情，原生态课上润无声。一张嘴述说古今，一支粉笔刻画本真。这样的课具有"清水出芙蓉，天然去雕饰，"的素课之美，这样的思政课堂处处闪现着人性的光辉和核心价值观的光芒！

（本文发表于《中学政史地》2016年第5期，本文有删减）

打造触动心灵的道德与法治课堂

——以《增强生命的韧性》省级优质课为例

道德与法治课是落实立德树人根本任务、塑造学生思想与灵魂的关键课程，具有思想性、人文性、实践性、综合性的特点。开好这门课的关键在于道德与法治课教师。在教学设计上，教师要从情境的诱人度、活动的刺激度、学生的参与度等方面去思考尝试，用心打磨每一节课，让道德与法治课真正走进学生的心田，才能提高育人的主动性和针对性，才能为学生健康成长和终生幸福奠基。下面以刚落下帷幕的2020年河南省中学政治优质课决赛展示阶段的一节课——《增强生命的韧性》为例，谈谈怎样打造触动心灵的道德与法治课堂。

一、课堂实录

（一）创设情景，导入新课

实物对比展示：老师先拿起一支较粗的粉笔当场折断，再拿一根很细的橡皮筋儿使劲儿拉扯。

教师引导：同学们，粉笔看起来很粗，却如此脆弱；橡皮筋儿看起来很细，却可以经受随意拉扯。生命亦是如此，或脆弱，或坚韧。那么该如何增强生命的韧性呢？作为一名心理咨询师，老师今天持证上岗，带领大家开启一场心理咨询旅程，来探究生命的韧性。（屏幕显示课题

和教师的心理咨询师证书）

（板书：增强生命的韧性）

（二）思考探究，学习新课

环节一：问诊

活动一：七嘴八舌话挫折。

教师提问：同学们，从蹒跚学步到青涩少年，想一想你的人生中有哪些不愉快的事？

学生沉默。

教师引导：看来大家有点不好意思啊，这样，老师先来！大学刚毕业，我就顺利地成为一名中学老师。第一天上课，我很激动，当我穿着新买的高跟鞋踏上讲台的那一刻，却因为步子太用力，右脚蹬空了，鞋子也竟然飞了出去……

学生哈哈大笑。

教师引导：当时我的学生跟你们一样，哄堂大笑！我一下蒙了！多么重要的第一印象就这么毁了！可一转念，自嘲说：孩子们，《红楼梦》上王熙凤的出场是未见其人先闻其声，今天老师是未听其课，先闻其鞋！我可能会因为这只鞋子，成为大家最难忘的老师吧！最后大家一笑而过！好啦！该你们分享啦！

学生回答：学习成绩退步、不小心打碎了盘子被家长骂、上了中学没有新朋友、演讲比赛中途忘词儿了、运动会上没能为班级争光，等等。

（学生分享时，教师快速挑选四个，写在黑板上备用。）

教师引导：大家能够敞开心扉，老师非常开心。同学们的分享，有学习上的困难、生活上的烦恼、情感上的困惑等，有一些老师也感同身受。如果让大家用一个词来总结，应该是什么？

学生齐回答：挫折。

教师引导：对，那么什么是挫折？

学生齐回答：失败、困难。

（教师多媒体展示挫折定义）

教师过渡：我们总说希望自己一帆风顺！能实现吗？

学生齐回答：不能！

师生总结：所以，人生难免有挫折！

（板书：人生难免有挫折）

活动二：填写表格，审视挫折。

教师引导：刚才大家分享了那么多学习和生活中的挫折，老师挑了几个写在黑板上。大家看一看，如果是你，以上几个情境，哪一个你觉得挫折指数最高？哪一个最低？大家可以打个分（最高10分，最低1分），并结合课本第106页的挫折三要素，在教师提前发给大家的表格上填写，时间2分钟。一会儿把你的答案贴在黑板上并分享理由。

黑板内容：挫折情境。

1. 期末考试成绩退步很大！

2. 上台演讲，中途忘词儿了！

3. 来到新学校，无法适应新环境，没有新朋友。

4. 运动会没拿到名次，没能为班级争光。

多媒体展示表格如表1所示。

表1　多媒体展示表格

姓名	挫折指数（1~10分）	挫折情境	挫折认知	挫折反应

时间到，学生踊跃分享。表2是学生填写后贴在黑板上的表格，教师挑选两位学生的将其粘贴在一起。

183

中篇　课堂教学

表2 学生填写后贴在黑板上的表格

姓名	挫折指数（1~10分）	挫折情境	挫折认知	挫折反应
张兰英	3分	期末考试成绩退步很大	自己努力不够	激励自己今后要加倍努力
	10分	来到新学校，没有新朋友	感觉没有人能跟我聊得来	孤单无助、郁闷、闭锁心扉
王云亮	10分	期末考试成绩退步很大	自己不是学习的料	气馁，沮丧，不再努力
	2分	运动会没能为班级争光	没啥丢脸的	制订训练计划，下次一定为班级争光

教师引导：大家看，他们在面对不同的挫折情境时，情绪感受和行为反应一样吗？

学生回答：不一样。

教师引导：同样是考试成绩退步了，两位同学的反应一样吗？

学生回答：也不一样。

教师引导：其实同学们，第4个关于运动会的挫折，是老师学生时代的真实遭遇，当时我受不了，号啕大哭，然而今天，我觉得不算个啥事儿。所以，同样的挫折，不同的生命时期，反应一样吗？

学生回答：不一样。

教师引导：同学们，再次观察表格，哪位同学能说一下，对我们的挫折反应起决定性作用的是什么？

学生回答：挫折认知。

师生总结：所以，挫折会产生积极影响还是消极影响，完全是由你的态度决定的。

教师过渡：了解清楚大家存在的问题，也就找到了生病的根源，接下来我们来试试对症下药！

环节二：治疗

活动三：心灵黑洞。

教师过渡：上周末给大家布置的任务大家还记得吧？心灵黑洞，吐槽不开心的事。经该同学同意，老师挑选了一个。为了保护隐私，用了化名。今天我们一起来帮帮他，开出心理处方。

多媒体展示案例：

小敏的心灵黑洞

我在小学曾是学习委员，学习成绩一直是全班第一，经常得到老师表扬。然而，进入初中一切都变了，英语和数学，连着几次考试都不是第一名，而最近的一次考试，总成绩竟然退到了第15名，从此我越来越觉得丢脸，总觉得同学和老师拿异样的眼光看我。我变得沉默寡言，每天都特别想哭，焦虑得睡不着觉。最近经医院诊断，我患了严重的抑郁症。

活动任务：①根据材料，找出他的挫折困境，填写图1。②根据每一环节出现的问题，提出可行性建议。填写图2，并分享。

活动要求：①前后两排，四人为一小组进行讨论。②组长负责汇总大家的意见并填写老师课前发的2张表格。③小组代表发言。时间3分钟。

活动过程：①学生分享并展示图1（各小组写的基本相似）。②学生分享并展示图2。

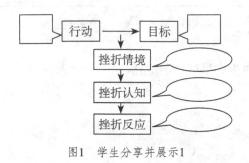

图1　学生分享并展示1

中篇　课堂教学

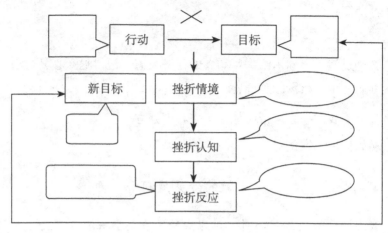

图2 学生分享并展示2

第一小组讨论成果展示如图3所示。

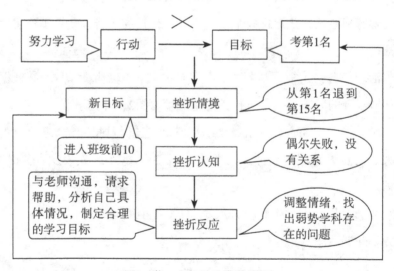

图3 第一小组讨论成果展示

第三小组讨论成果展示如图4所示。

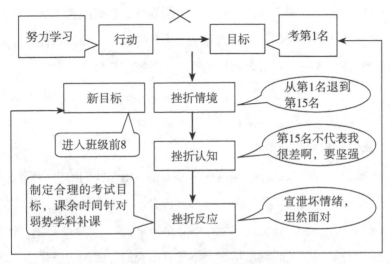

图4　第三小组讨论成果展示

第六小组讨论成果展示如图5所示。

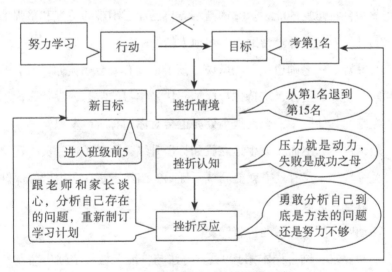

图5　第六小组讨论成果展示

（小组分享过程中，教师表扬亮点，突出重点。）

教师评价：咱班同学个个身怀绝技啊，妥妥地要超越老师了！这是老师的处方，我都已经有点拿不出手了！（教师展示自己的2张图表答案）

教师引导：纵观小敏的案例，大家会发现，要想战胜挫折，我们需要有橡皮筋儿这样较强的承受力和调节力，这就是生命的韧性。其实无论自然界还是人类，有很多这样的例子，大家能举出几个吗？

学生回答：断尾的壁虎长出新的尾巴、无臂钢琴师刘伟用双脚演奏、残奥会运动员顽强拼搏获得金牌等。

（板书：发掘生命的力量）

教师设问：那么怎样挖掘这种生命力量，增强我们的生命韧性呢？我想，小敏的案例给了我们很多启发。再次回顾案例并结合大家在处方中提到的诸多要点，哪位同学能归纳总结一下？

学生总结：①及时调整情绪。②要有乐观的态度。③坚强的意志。④学会寻求他人的帮助。

教师补充：①认识到我们每个人的生命都蕴含一定的承受力、自我调节和自我修复的能力。②逐渐培养自己面对困难的勇气和坚强的意志。③可以向他人寻求帮助，学习他人的经验。

心灵寄语：老师也想对小敏说，孩子，没有人会嘲笑你，所有的老师和同学是那么爱你、支持你！成绩起伏是学习的常态，没什么大不了的！在座的其他同学，今天这个处方也会对你们有所启发吧？

教师过渡：然而，人生道路犹如打怪升级，刚过了这一关，还会有下一关等着你，仅有处方就能高枕无忧吗？当然不是！还得做好保健！

环节三：保健

活动四：制作专属的智慧锦囊。

活动要求：结合课本第109页"方法与技能"栏目增强生命韧性的方法，思考以下问题。时间2分钟。①五大方法里，有哪些你觉得适合自己？请挑选出来并整理在纸上。②除了课本给出的，你还有更好的建议吗？如果有，请填写并分享。

教师点拨：这些方法，我有哪些做到了？哪些没做到？哪些适合？哪些不适合？别人有什么好方法我可以借鉴？

学生分享：找一个安全无人的地方，大声哭出来；不开心的时候就去运动；多做自己擅长的事，寻找成就感；每天对着镜子说：我可以！我能行！

教师升华：刚才这些同学在分享好建议的时候，我看到其他同学已经默默记下来了。欢迎大家及时学习彼此的优秀经验，并纳入你的智慧锦囊！"纸上得来终觉浅，绝知此事要躬行！"希望大家能将此落实到未来的行动中去！

教师过渡：同学们，我们的心理咨询旅程马上要结束了！能谈一谈你的收获吗？

学生1总结：通过这场别开生面的探究生命韧性的咨询旅程，我明白了挫折并不可怕，也知道了一些应对挫折的妙招。

学生2总结：我懂得了应对挫折的正确态度，领悟并收集了增强生命韧性的方法，无论是知识还是心灵都有很多收获。

……

（三）教师寄语，结束新课

教师寄语：有人说，人生不如意者十之八九。如果我们常想一二，每天就都是幸福生活；也有人说，一个人的成功不是看他登顶的高度，而是看他跌到谷底的反弹力。如果我们韧性够足，还怕什么跌倒！同学们，老师衷心地希望大家，在今后的学习生活中，乘风破浪，直面挫折！成为生活的强者！奔涌吧，后浪！

二、课例点评

本节课以一场别开生面的心理咨询为情境主线，串起问诊、治疗和保健三个环节，一线串珠、步步深入。创新的课堂设计让学生的课堂心灵之旅充满了生命的欢欣和向上的力量。课堂上教师始终以一个观察者、倾听者、引导者的身份，引领学生在内心的体验感悟和分析解决现实问题中，将知识的认同感转化为情感价值的认同感，最终形成道德责任感，学生主体地位凸显。整节课设计匠心，演绎精彩，打造出了一节触动心灵的道德与法治课堂。

（一）情境：精心构筑，引人入胜

袁甜甜老师的这节课在创设情境方面是精心巧妙的。启课环节，教师用实物演示，并及时抛问：为什么有的生命脆弱？有的有韧性？什么是韧性？怎样有韧性？真实情境的创设悄悄打开了学生的心门。课堂进行当中，"问诊""治疗""保健"三个主情境构筑课堂的三个台阶，使学生的思维一步步走向高阶。环节内部的情境创设大多来自学生的真实生活，触动其内心。每一个环节、每一个情境都很好地关照了学生的认知和心理、关注了学生的内心体验，进而增加了学生的学习自信与动力，巧妙地契合了本节课的知识与能力和情感、态度与价值观目标。

（二）活动：丰富连缀，撼动心灵

学习活动的构建要看活动对于学生内心的刺激程度。活动刺激心灵，学生的学习参与度就越高，学习才能真正发生，学生才能学得精彩。

这节课，教师在活动构建上也是非常成功的，对于学生心灵的刺激度非常高。这节课的三个主要学习环节共设置了五个活动。活动一七嘴八舌话挫折，教师利用自身资源分享糗事，瞬间拉近了与学生的距离，学生得以敞开心扉、分享表达，认识到人生难免有挫折的道理。活动二通过填写表格，让学生链接自身生活、主动反思，进而通过对比分析大家的挫折反应，引导学生找到自身问题，从而让学生明白决定挫折反应的是挫折认知，自然而然突出重点。活动三通过呈现心灵黑洞，指导学生通过小组合作，使探究走向深入，及时点拨学生通过自我思考问题、倾听他人方案、团队总结解决方案、最后跳出个案共同归纳，使抽象的难点内容最终被突破，让学生明白增强生命的韧性是可以通过发掘自身力量和借助外力来实现的。与此同时，学生由内心的思考到书面语言的转化，再到口头的分享表达，逻辑思维、生活经验和内心情感全方位调动起来，实现了以"我"为中心，透过他人反思"我"、找到"我"、最终正视"我"的深度思考和道德提升，进而再次触动心灵。活动四充分利用教材栏目，通过生生之间分享交流优秀经验，制作专属的智慧锦囊，引导学生积极实践，发掘自身生命的力量，成为生活的强者！整个过程，带动学生的内心情感升华，达到知行合一。另外，启课时的实物演示和结课时的教师寄语等，和这些主活动一起，主次分明，起承转合，浑然天成，课堂因活动而精彩。

(三) 参与：真诚关注，全员全程

学生是课堂学习和发展的主体，学生积极、有效地参与教学活动，是实现课堂目标的最主要指标，也是达成课程育人功能的必要条件。以此来观看袁老师的《增强生命的韧性》一节课，我们也不难发现她做得很出色。

首先，由于情境创设得精巧，在展开中富有变化，看、说、写、读、谈等，动静结合，变化穿插，学生喜闻乐见，故而倾情投入，确保了参与度高。

其次，活动设计得合乎学生的年龄特点和心理需求，学生乐于参与，积极互动。比如，学生羞于表达，教师就通过"出糗"方式启发学生主动开口；学生因为生活经验不足、解决问题能力欠缺，就通过设计图表和小组合作，让大家在一定的逻辑引导中主动参与；一个学生的智慧有限，就通过"智慧锦囊"活动引导学生勇敢地交流彼此的经验。

最后，教师真诚地关注课堂，用饱含期待的言语与学生交流，通过循循善诱，启发学生充分参与。比如在活动二中，教师将学生回答的表格贴在黑板上对比发问：①不同的挫折情境，情绪感受和行为反应一样吗？②同样的挫折情境，情绪感受和行为反应一样吗？③同一个挫折情境，在人生的不同时期，情绪感受和行为反应一样吗？再如活动五中，教师出示活动要求后发问：①五大方法里，有哪些你觉得适合自己？②除了课本给出的方法，你还有更好的建议吗？而后又及时点拨，启发思考：这些方法，我有哪些做到了？哪些没做到？哪些适合？哪些不适合？别人有什么好方法我可以借鉴？发问过程，时而如剥洋葱，层层剥开，触及泪点；时而如摘桃子，跳一跳，你可以够得着。这些细节真实地体现了教师关注学生参与的意识和行动，从而确保学生的参与性高、持续性强。

（四）个性：沉稳睿智，真情投入

道德与法治课堂是育德的课堂。作为一名道德与法治课教师，有什么方法可以最大限度感染学生，促进其生命拔节成长？教师真情投入，搭建共享式的课堂学习平台，构建能够触动学生心灵的真情课堂，或将是一个良好有效的途径。在这一方面，袁甜甜老师展示了自己独特的个人魅力。在整个课堂的动态演进中，自始至终教师全情投入、态度亲和、语言幽默，不断鼓舞、引导学生进入真实的情境，体验、感悟、获得，在价值冲突中明辨是非，在自我构建中形成态度、升华信念、导引行动，课堂育人目标自然达成。

总之，道德与法治课追求的目标是让每一节课走进每个学生的心灵，一节节课影响并感化着一个个生命态度和道德观念，也将成就一个个自信乐观和有道德的人。这样触动心灵的课堂，不仅为学生的当下和将来的幸福人生起到积极作用，更为国家的未来培育能担当民族复兴大任的人才。道德与法治课堂的魅力正在于此。打造触动心灵的道德与法治课堂，让我们共同努力！

（本文发表于《中国教师》2020年第36期，本文有改动）

探寻思政课的源头活水

考试结束了，试题的难度系数和我预设的是否一致？学生的反馈情况如何？一个店老板的女儿引起了我的注意。这个读九年级的女孩，正在和她的妈妈谈论这次道德与法治考试情况。

当她得知我是本地这次考试的命题人时，便说："哇，我们班同学如果知道，会一起来打你的。"

"为什么？"

"太难了，太让人动脑筋了。"

"你们平时学习不思考吗？"

"哪有时间思考呀，任务太多了。我们老师讲课时总是说：'这个问题嘛，大家想一想。'可是，她又接着翻动PPT，向下进行了，他打心里根本就没准备让我们想，我们也根本就没有时间想……"

学生口中所谓的"难题"，也就是需要思考的问题。女孩儿绘声绘色的讲述让我想起：经常在听评课过程中，诸如此类"学生无暇思考"的现象还有很多。比如，有的教师在上课时设置了情境，但缺少了设问；有的设置了问题，但缺少了学生活动；有的有了学生的活动探究，又缺少了点拨、生成；有的处理练习时，总是很快把答案出示……这些归结起来，就是教师忽视了对学生思维能力和思维品质的培养，不能让学生心动，致使课堂缺少了学生思维的跃动和"跳一跳摘桃子"的行动。

中篇 课堂教学

　　道德与法治课程是以习近平新时代中国特色社会主义思想为指导，旨在促进初中学生正确的思想观念、良好的道德品质和牢固的法治意识的形成与发展，为使学生牢固树立社会主义核心价值观，成为担当民族复兴大任的时代新人、德智体美劳全面发展的社会主义建设者和接班人奠定基础的一门重要课程。这门课程紧紧围绕"为党育人、为国育才"这一根本任务对学生进行思维能力的培养。在教学中，教师应着力启迪学生的思维，提升学生的思维能力，从而全面提高学生的素质。那么作为道德与法治课教师，我们该怎样培养学生的思维力呢？

　　古希腊生物学家、散文学家普罗塔戈指出："头脑不是一个要被填满的容器，而是一根需点燃的火把。"点燃火把，就是要引发学生创造性思考的觉悟。教师要在课堂教学中努力创设情境，以培养学生思维的悟性。青少年学生好奇心强，求知欲旺盛，对周围的一切生活现象都有企图问一个为什么的潜在需求，这也正是学生头脑中潜在的创新创造能力。在教学中，我们可以有计划地、有目的地创设情真意切、形象思趣的教学情境，陶冶学生的思想情操，激发学生的思想觉悟意识。可借用音乐、漫画、微视频等具体形式，并假以任务驱动和活动探究，引导学生在对情境的感知、理解、体验深化中进行交流总结、发表见解、梳理归纳，不断提升创造性思维能力。课堂教学中如果没有学生思维的撬动、撞击，课堂教学就会如同死水一潭。在我看来，道德与法治课中的观点和道理都是思维活动升华的结果，我们可以把整个教学过程看作学生思维活动的培养过程。

　　清朝学者陈宪章说："学贵有疑，小疑则小进，大疑则大进。疑者，觉悟之机也，一番觉悟，一番长进。"教师在课堂教学中要精心设疑，充分调动学生的思维积极性。课堂上，教师恰当的设疑启思，有利于师生之间的交流，有利于唤起学生的注意力，激发学生的求知欲，有利于发展学生的思维力。教师可以针对一个情境恰当设疑，引导学生多角度分析、思考讨论来延展学生的思维轨迹，培养和训练学生的思维能力。我在执教九年级上册《中国人　中国梦》一课内容时，为了让学生理解"中国梦不是凭空产生的"这个道理，引导学生自主阅读教材第105页相关链接："《诗经》和《礼记》中记载的古人对理想社会的设想"，并设置了一个问题链来开启学生的思维。

问题1：你从文段中感受到古人对美好社会的追求是什么？

问题2：你还知道哪些古代人民对未来社会美好憧憬的表达？

问题3：古代人民的这些梦想能不能实现？为什么？

问题4：大家刚才畅谈的中国梦能不能实现？

这样循循善诱，步步推进，让学生了解中国梦的产生有其历史渊源，引导学生用历史的、辩证的观点看问题。教师还可以在"和谐、平等、民主"师生关系的前提下，放手学生自主探究、同伴互助，变学生被动地接受知识为主动地接受，继而探索发现知识、感悟明理，培养学生的逻辑思维能力、语言表达能力、组织领导能力，从而拓宽学生的思维空间，培养学生的创造性思维能力。

南宋哲学家朱熹有诗云："半亩方塘一鉴开，天光云影共徘徊。问渠那得清如许？为有源头活水来。"道德与法治课教师要广阔学生的思维视界，要积极搭建教学内容和学生生活之间的桥梁，要把道德与法治课开设在社会生活的大课堂里，离开了生活这个"源头活水"，道德与法治教育不仅是无意义的，而且学生思维力的培养也就成了"无源之水"。我在执教八年级下册第六课《我国国家机构》一课内容时，曾带着学生走进县人民政府、县人民检察院、县人民法院等地，让他们看看悬挂国徽的地方，旁听案件庭审的现场，并以此为契机撬动思维的马达让思绪飞扬。道德与法治课教师还要经常关注时政新闻和社会生活现象。启课时，以时新的素材创设情境，启发思考，唤起学生学习的热情和进一步探索的愿望。在课堂进程中，遵循学生的心理特点和认知规律，循序渐进地引导学生联系现实、列举生活中的实例，并通过这些具体事实和例证表明教材阐述的道理和要求；抑或针对教材中的基

中篇　课堂教学

本理论、观点，引导学生根据自己的所见所闻和亲身体验，发表自己的看法。这样，在思维的开合中，在归纳和演绎中，在观点的交锋中，达成价值的澄清和学生思维习惯的养成、思维品质的提升。结课时，引导学生以教材中的理论观点为指导，尝试解决自己学习、生活、思想中的实际问题，并把这些理论观点内化于心、外化于行，指导自己的行为实践，做到思行合一。

恩格斯在《自然辩证法》中写道："地球上的最美的花朵——思维着的精神。"众所周知，使人类成为"宇宙之精华、万物之灵长"的，是在生物界中独领风骚的思维。世界是我们的，但归根结底是青少年的。对学生进行思维能力的培养，是道德与法治课教师的重要使命和关键素养，更是一种久久为功的行动。作为一名道德与法治课教师，我们要把创造性思维的种子播撒在学生的心田，让他们乘着思维之花，在道德与法治课堂自由地徜徉！

（本文发表于《中国教师报》2022年5月11日，本文有改动）

下篇
考试评价

我又仿佛坐上了时光机，走向未来。我看见了自己六十岁、七十岁、八十岁的样子……

读着自己随意写就的文字，我笑了，这些文字显得肤浅稚嫩，但它们是真实的；读着发生在课堂里的故事，我笑了，这些故事显得普通平凡，但它们也是可感的；读着自己用心写就的一篇篇文章，我又笑了，这些文章你可能在哪里见过，但它们今天是排着队来等着我的。愿这些充满着真善美的文字给予同道中人以些许启迪。

著名教育家陶西平先生说："世界上没有理想的教育，但是有教育的理想。"是啊，古往今来的教育工作者都是有理想教育之梦的，他们一方面勾画着自己的梦，另一方面探索着圆梦的路径，从而成为不断实现自我超越的人。其实，我就一直沉浸在追梦之中。

教海无涯乐作舟，探索之路思不止。我一直在努力……

小试题里的大乾坤

一个普通的周五，当年我的一个小同事铃会妮子来交一份材料，顺带着和我探讨中考辨析题的答法。核心之问，现在的辨析题要不要答"观点正确或错误"这句话（在另一篇里思考）。铃会是一个相当优秀的教师，用她的话说是教学上，我把她们引上路。其实是她们敏而好学，早就青出于蓝了。

她既然有这个疑问，这也应该是好多老师的疑问。辨析题历年来是困扰师生的一个问题，何不来个深入的研究？本来想着研究一下近十年的试题，想着我在教毕业班的时候经常在春期大复习时，给学生来个中考试题的十年回顾与展望，典型题例，发现规律，预测动向。这也是老生常谈了，何况对于辨析题，和中考的其他题型，我也已经有些许研究了。

后来我想，如果把我自1990年教书以来的中考试题都找出来，单单是排列一下，也是一件很有意思的事，说不定能发现一些值得思考的问题。趁着周末，我开始了探寻发现之旅。

我保存了使用过的多种版本教材，早年却忽视了对中考试卷的保存。于是就把仅存的教案和辅导资料找出来，发现了20世纪90年代的几份政治中考试题及答案。那时候中考结束之后，学校给我们发了《河南中考试题参考答案及评分说明》，有时学校订得少，几位老师合用一本，方便起见，我们就把自己学科的撕下来自己看。早年的只找到了四年的。进入2000年之后，有几本是完整的。2009年的试题也是一个转折点，刚好没有。在网上也找不到，我们的赵书记，一向细心保存资料，就问了一下，果然找到了。三十多年来的河南中考政治试题，是学科发展明显轨迹的见证。试题变化的一些规律性和学科发展的历程，跃然纸上，我突然觉得，这个搜集也是一件很有意思的事情。

不仅如此，在找这些试题的同时，还一并看到了我在20世纪90年代初教毕业班的复习会发言稿，那些年自刻的复习资料和钢板、蜡纸与刻笔，1996年的河南中考政治试题及分析的相关表格，还有2000年之后几年的考试说明。那时的考试说明有时也是合本，后来撕开来用的，考试说明逐步发展成为现在每年都发的《河南省初中学业水平考试解析与检测》，单是摆出来，看看之前的解析检测长什么样，也是一件很有意思的事情。我还找到了2004年左右讲公开课的道具——投影用的玻璃片，还有那些年学生做的课堂笔记留念，也有我给学生做的小论文下水作文卡片。从这一片片的纸屑中，还看到了我当年是如何教会学生一步步地突破辨析题等题型的，也给我今天的思考提供了可供借鉴的实证材料。

"变是唯一不变的法则。"稳中求变，守正创新一直是思政学科中考命题人试题抱朴守初的原则。从试题内涵和形式的变化中，还看到了学科的发展轨迹，教材使用的轨迹，思政学科在各门学科中的地位变化轨迹，以前对这些问题的认识仅限于理论和他人的间接经验，现在对这些问题的认识变成了实实在在的感受。

截至今天，还有五年的试题没有找到，我会尽快想办法找到。这样，三十多年来，辨析题的前生今世也就渐渐明晰了。顺带着其他类型的题目也有了更多的思考。沿着这些思考的脉络，联系当今的时代特征和教育形势，思考今年中考的动向，从而引领老师们科学应对，事半功倍。

在找这些资料的同时，我写出了培养学生应对中考三力的框架结构。还联系了一些学科界的朋友交流问候，收获友谊，平时都很忙，一些朋友也缺乏联系。

本打算研究近几年的辨析题，结果却收获了不只是一个题型，不只是试题。认真开始一段小小的研究旅程，不经意间收获"花香满径"，更有探索发现的快乐和心灵深处偶得的宁静。

当我们的内心充满着创意时，教育的乐趣便有了源头活水，教育的天地便处处充满着勃勃的生机。思政课是承担立德树人使命的关键课程，考场即课堂，试题润无声。摆一摆，看一看，每一个试题，看似平常，里面却蕴含了对青少年学生的期望：需要理解的知识和感悟的道理以及要形成的能力和培育的素养。当今，一个看似简约却不简单的试题里更是承担着为党育人、为国育才，培根铸魂，启智润心的时代重任。

可见，小试题里有着大乾坤。

（注：感谢河南省平顶山市的黄昌盛老师，在他的帮助下，三十年的试题一并找到。）

我布置的"另类"寒假作业

大雪纷飞，期末考试在即，寒假将至。对于初中学生来说，毫无疑问，在寒假期间应该是以休整身心，欢乐健康，接触社会，适当学习为主要形式度过假期的，但个人觉得，九年级学生有升学任务在肩，寒假的意义更多在于：自行对照功课，查漏补缺，比、学、赶、帮、超。九年级思政课老师如何给学生布置适当的寒假作业，也是一个值得思考的话题。

聊聊我那些年经常给学生布置寒假作业的事吧。

那时，寒假前学校给每个学生发放一套上级预定的寒假作业，每科都有，有的两三个学科在一个本子上，作业的质量也很好，数量也很适中。可就是作业的后边跟着答案，或者一些经营教辅资料的书商专门把答案印出来兜售给学生。相当一部分学生在考试后和放假前的空当时间，连忙把答案抄在作业上，以求快速完成作业，以便假期痛快地玩。学生的这些小心思被老师看穿后，随之而来的是各学科老师加布更多的书面寒假作业。思政学科也不例外，虽然在现实中不被看作主科，可是早些年在中考中也是满分100分，后来才改为满分70分的，无论考试占多少分，要学好这门课，单靠读读背背就想提高学生整体成绩是不行的，更何况思政学科还要承担着更重要的育人功能。如何提高学生做政治寒假作业的兴趣？低下头来，略一思索，就想出了颇受学生欢迎的寒假作业。

这是2008年在我的教案后边记录的给学生布置的寒假作业单：

一、看电视

1. 看CCTV-1的《新闻联播》或《新闻30分》，寒假只需记录十条自己认为最重要的国内外新闻。

2. 看CCTV-1的《今日说法》或CCTV-12的《道德观察》栏目，记录三个至五个案例，说说与所学哪些法律知识或道德知识有关。

3. 看央视《春节联欢晚会》，说说你最喜欢的春节联欢晚会节目及体现的课文观点。

二、贴春联

给自家贴并帮助邻家贴，收集五条至十条与课文有关的春联，并说明体现的课文道理。

三、听音乐

收集五首至十首与政治课有关的歌曲名字并分别附上一两句经典歌词或代表性歌词，或会唱歌曲中的一两句。

四、背目录

把初中政治学科五本书的目录背诵下来，并体会其内在联系及纵横线索。

以上作业，开学后评比交流，资源共享。

每当秋期的最后一节课，我把类似这样的作业稍微改动，写在黑板上的时候，同学们常常笑逐颜开，看似简单，不搞题海战术。

开学检查作业的时候，挑一部分优秀作业，来个口头展示大比拼，课堂上时政播报、春联赏析、歌唱、表演小品等，异彩纷呈。一些"小星星"频频现身，纷纷要求不要对班主任讲自己会这些才艺之类的。有时还会发现有些懒学生抄袭别人的，就把他们叫来，相同的作业翻开，谁抄谁的，不问自招。还有极个别的，保护他们的小自尊，让他们准备一下，下一节再口头展示作业，这样经过一两天的准备，也能较好地"完成"作业。

曾经我把这些作业让一个在省城上重点学校的亲戚家的小女孩做，

受到欢迎。"哇，好另类的作业，我喜欢这样的作业。"

在日常教学中，思政课教师由于所教的班级较多，课余时间很少能分给学科，只能向课堂要质量，平时一般不大布置作业，九年级也是如此。春期复习任务较重，寒假适量作业的布置是十分重要的。这对思政课教学质量的提高和思政课发挥德育的功能也有一定的积极意义。无论是基础年级还是毕业年级布置寒假作业的时候要注重学科特点和学生思想特点，作业布置的形式与内容都要注重创新性、探究性、开放性和时代性。开学后还要注重作业的检查与反馈。

现在部分家长和学生有一种误解，认为放假就不应该给学生布置作业。其实寒假和假日不是一个概念，国家规定放假并不完全是为了让学生有一个月甚至更长时间完全离开书本学习，彻底玩耍。寒暑假这两个长假主要是由于天气原因，需要学生防寒和避暑，并且适当休息，放寒暑假就是天然放羊的理解是不科学的，那种认为寒暑假布置适量作业就是加重学生负担的说法更是错误的。回忆我们的学生时代，农村学校还放秋忙假和麦忙假，有些家庭劳动力不够，就安排学生参加农业劳动；有些家庭对孩子有更高的成才要求，不要求学生参加农活，孩子就有了更多的时间学习。那时，大家对待寒暑假、学生学习负担等问题没有太多的讨论，都是自然而然的态度。那时，每个假期也是有作业的。

十几年前的另类作业在今天的"双减"新形势下依然显得富有内涵，今天，我们可以赋予假期作业以更鲜活的内容和形式。比如不同层次的学生可以布置不同层次的作业。也可以学习外地经验，建立作业超市，让学生自选作业，还可以组织优秀学生自己设计喜闻乐见的作业等。

当今世界，科技进步日新月异，学生接触世界、接收知识的途径和理解思路与以前大不一样，作为一名思政课老师，要与时俱进，遵循学科特点，为学生科学设置寒假作业，引导学生度过一个愉快而有意义的寒假，提升学生的假期生活质量，又能为其升学考试奠定一定的知识和能力基础，达到既做作业提升成绩又育人的目的。

下篇 考试评价

着眼立德树人　凸显核心素养　不忘初心前行

——简评2016年中考道德与法治试题

核心素养是学生在接受相应学段的教育过程中逐步形成的适应个人终身发展和社会发展需要的必备品格和关键能力，兼具个人价值和社会价值，是一种持续的多学科、多领域协同研究的集成，教育部印发《关于全面深化课程改革落实立德树人根本任务的意见》，核心素养被置于基础地位。道德与法治课程作为思想性、人文性、实践性、综合性突出的学科，具有独特的育人优势，关注核心素养成为道德与法治教育的迫切选择。

2016年河南中考道德与法治试卷与前几年中考试卷一脉相承，坚持"立德树人"的指导思想，以社会主义核心价值观为引领，体现思政学科的国家情怀、政治认同、理性精神、法治意识、公共参与等方面的核心素养考查，犹如一面鲜艳的旗帜以它庄重典雅、清新自然的风姿自豪地行进在各兄弟省份中考试卷的前方。

一、着眼立德树人，注重价值引领

将培育社会主义核心价值观，继承中华优秀传统文化，弘扬长征精神，培养绿色意识、法治意识和国家安全意识等德育目标，渗透到不同试题中。

（一）展现大善河南，激发家乡情感

榜样的力量潜移默化地感染着人们，好人好事不断在中原大地涌现，他们的感人事迹生动再现了河南人的大爱、大善、大义、大智、大勇，河南好人群星闪耀，大善河南领跑全国。

第1题通过对"十四届感动中国人物评选，河南人十三届当选；五届全国道德模范评选，河南16人当选"的考查，激发河南考生热爱家乡的情感和我为家乡添光彩的责任感。

（二）建设美丽乡村，增强文明素质

建设美丽乡村，不仅要有"外表美"，更要有"内涵美"；不仅仅"美在环境"；更应"美在精神"。

第2题美丽乡村栾川重渡沟村既有远近闻名的美景，更有图书室、电影院和文化广场等设施；新乡刘庄村不仅集体经济风生水起，而且史来贺等老一辈干部的为民理念、奉献精神代有传承……通过对"建设美丽乡村既要外表美更要内涵美"的考查，来激发考生建设美丽乡村的责任感和提高文明修养的自觉性。

（三）立足传统文化，增强文化自觉

试题将中华优秀传统文化融入背景材料，把传统文化具体化，让学生在阅读和回答试题过程中感受、体验博大精深的传统文化，引导他们更加全面准确地认识中华民族历史传统和文化积淀，认识其现代价值，增强文化自信，提高继承和弘扬优秀传统文化的自觉性。

第4题方言承载着地方文化印迹，具有重大历史价值，是珍贵的历史标本。方言与普通话并非对立关系，国家推广普通话并不是不要传承方言。通过对"传承方言有利于维护文化的多样性"的考查，增强了考生保护和传承方言的自觉性。

第10题一城宋韵半城水，八朝古都八面风。近年来，河南开封以打造国际文化旅游名城为引领，以文化为"核"，为经济助力，走出了一条独静的"文化+"发展之路："文化+城建"——悉心保护古城，同时彰显"新宋风"城建风格；"文化+工艺设计"——着力培育特色工艺品街区；"文化+餐饮"——创立"宋都"餐饮品牌；"文化+旅游"——让古都文化看得见、摸得着……再一次让考生领略到传统文化在创新中带来的魅力和效益，增强文化自信和自豪感，提高传承优秀传统文化的自觉性。

（四）重温历史时刻，弘扬民族精神

鲁迅先生说过："唯有民魂是值得宝贵的，唯有它发扬起来，中国才有真进步。"民族精神是一个民族赖以生存和发展的精神支撑，是凝心聚力的兴国之魂、强国之魄。试题让考生重温那段峥嵘岁月，就是让考生铭记历史，把民族精神发扬光大。

第8题渠首精神在传承，家国情怀铸永恒。地处南水北调中线工程渠首和核心水源区的河南省淅川县，过去为了配合国家工程建设，累计动迁移民近40万人，如今为了确保一渠清水永续北上，全力推进生态环境综合整治，正在绿色转型的道路上加速前进，成效显著。赞颂淅川人民一如既往，为国分忧，深明大义，勇于担当。

第13题通过阅读材料，重温了"80年前，中国工农红军主力历时两年，纵横十余省、长驱二万五千里，渡过24条河流、爬过18座山脉，四渡赤水河、巧渡金沙江、飞夺泸定桥、强渡大渡河……"那段历史，意在让考生"传承长征精神，争做时代新人"，又通过第二问"你打算怎样以实际行动为新长征的胜利作出贡献？"的检测，激励广大考生了解弘扬长征精神，努力学习，立志成才，报效祖国。

（五）践行核心价值观，凝聚时代正能量

24个字的社会主义核心价值观，凝练地概括了国家的价值目标、社会的价值取向和公民的价值准则。它如同阳光和空气一样，就在我们身边，就在我们的生活中。因此，我们必须从身边事做起，从自身做起，只有这样，才能凝聚所有正能量。试题选取了身边的事和模范人物的事迹来感染考生。

第5题从关爱流浪者入手来呼吁更多的人关爱弱势群体，尊重他人，友善待人；第12题分别介绍了屠呦呦、阎肃、王广亚三位模范人物的事迹，引导学生树立正确的世界观、人生观、价值观，要求考生"学习上述三位前辈的事迹，请谈谈你的深刻感悟"，希望从感悟中提高责任担当意识，严以修身、以身作则，用"有声的力量"宣扬社会的主流价值，从不同角度去诠释核心价值观的真谛，为实现中华民族伟大复兴的中国梦而不断凝聚正能量。

（六）贯彻绿色发展理念，增强环保意识

山水林田湖是一个生命共同体，人的命脉在田，田的命脉在水，水的命脉在山，山的命脉在土，土的命脉在树。但由于人类长期对森林过度垦殖、对树木过量砍伐，致使我国的森林覆盖率较低，总体上成为缺林少绿、生态脆弱的国家。"十三五"期间国家将开展大规模国土绿化行动，以推进生态文明，建设"美丽中国"。第11题让考生谈谈树木、森林的作用，以此希望潜移默化地影响考生爱护树木、保护森林，树立绿水青山就是金山银山的理念，提高绿色环保意识。

二、凸显核心素养，促进学生全面发展

2016年河南中考思政试卷凸显思政学科的国家认同、理性精神、法治意识、公共参与等方面的核心素养，促进学生的全面发展。

（一）反映国家建设成就，增强政治认同意识

对学生进行基本国情教育是思想政治课程的重要任务。国情教育内容既包括国家的政治制度、经济制度，也包括现阶段国家制定的方针政策和发展战略等。试题在引导学生运用所学知识分析社会现象、解决现实问题的过程中，思考我国经济社会发展成就及其原因，感受民族复兴中国梦的实践历程，培养学生参与政治的意识和社会责任感。当代中国的政治认同，就是坚持和发展中国特色社会主义。懂得中国特色社会主义是中国共产党和全国人民长期实践取得的根本成就，展现道路自信、

理论自信和制度自信。

例如第7题"新中国成立以来，特别是改革开放以来，科技创新之花在祖国大地上异彩纷呈：'两弹一星'、载人航天、探月工程、载人深潜……2016年5月，在新的历史起点上，国家又明确提出了到2050年建成世界科技创新强国的战略目标"。试题意在引导学生认识中国在科技领域的成就和目标，提高自豪感，增强对中国发展道路的认同和自信，从而坚定走中国特色社会主义道路的决心和信心，增强公民的国家认同、政治认同意识。

（二）提升国家安全意识，理性维护国家安全

国家安全关系每一个人，没有国家的安全，难言公民个体的安全与保障。在一些国家，频频发生暴恐事件，严重威胁国家安全，同时也直接威胁到公民个体安全。反之，国家安全有保障，则社会安宁稳定，公众安全幸福指数就高。维护国家安全既是国家责任也是公民责任。让国家安全意识深入人心，并成为公众习惯，应是全社会的期待。第6题从如何维护国家安全的角度出发考查考生，以此来增强考生自觉维护国家安全的意识和行动，理性表达爱国之情。

（三）弘扬国家法治精神，培养学生法律意识

"高声叫卖理当然，他人感受无须管。噪声扰民成污染，公德法规记心间。"第9题以辨析题的形式考查学生的分析判断能力，让考生认识到商贩叫卖时必须考虑他人感受，必须在法律允许的范围内行使权利，不得损害他人合法权利，否则就是违法的，同时也是不尊重他人的表现，是不道德的，教会考生要增强法律意识，依法行使权利，自觉履行义务。

未成年人的健康成长关系到祖国的未来、民族的希望。第2题从"未成年人犯罪率有所下降，但低龄化、暴力化趋势却很明显，14~18周岁未成年人罪犯中，14周岁人群所占比重已达20.11%"带来的警示的角度来考查学生，引导学生认清犯罪的危害，防微杜渐，抵制不良诱惑，遵纪守法，做守法公民。

（四）依法行使政治权利，引导公民公共参与

批评权、建议权、监督权是我国公民享有的政治权利，在我国人民是国家的主人，增强权利义务意识，提升参与政治生活的能力。

第10题的第二问，"开封的特色发展之路为解决我国城镇化面临的问题提供了哪些借鉴？"换言之"结合开封绿色发展之路，谈谈如何解决我国面临的问题"考查学生的公共参与素养，培养有思想、有担当的现代公民。

三、注重能力考查，培养创新思维

2016年河南中考道德与法治试题结构趋向稳定，依然保持四大题型：选择题、辨析题、观察与思考题、活动与探索题，选材与设问巧妙，创新不断。

（一）材料选取新颖，汇聚时代精神

无论是试题素材的选取还是考查内容的确定，本套试卷都体现了强烈的时代性。试题主要涉及美丽乡村建设、世界科技创新强国的战略目标、国家安全、渠首精神、城镇化建设、国土绿化行动、屠呦呦等模范人物、长征胜利80周年等。这些主题全面反映我国经济社会发展成就、发展战略和具体措施等，贴近学生学习、生活经历和情感体验，使试题的情境设计更加充实、丰富和生动，有利于引导学生关注现实生活，以积极的态度、科学的方法去分析、思考社会现象和社会问题，在参与社会生活过程中培育学科素养。

（二）注重能力考查，提升思维品质

思维能力是人的智力的重要组成部分，是智力的核心。本试卷无论是客观性试题还是主观性试题，有些题目很难从书本上找到明确答案，考的是分析问题、解决问题的能力，试卷命题强化学科基本能力考查，从而引导学生关注思维过程，提升思维品质。

初中道德与法治课程、教学与评价

如第10题第二问，"要求学生从材料一中获取开封特色发展之路的信息，并据此分析为解决我国城镇化面临的问题应采取的措施。"试题既考查了学生从材料中获取信息的能力，又考查了围绕问题进行独立思考的探究能力。

（三）设问答案开放，鼓励创新思维

一是设问参与开放性（即题目设问基本无限制，学生主观能动性发挥余地很大）；二是答案多元性，只要言之成理，即可酌情给分或加分，鼓励答案的开放性，允许有不同的见解，以鼓励考生创新思维。

目前，核心素养跃升为我国基础教育界的新热点，在新一轮基础教育课程改革中，迎接课堂转型的挑战，难以绕过"核心素养"这一重要问题。核心素养指导、引领着中小学课程教学改革实践，正逐步成为中高考评价的核心。2016年河南中考思政试题着眼"立德树人"，以学生的发展为中心，围绕"培养什么人，怎样培养人"的核心问题，传统继承与现实关注握手，学科素养和价值导向融合，以《课程标准》和《考试说明》为依据，牢牢把握立德树人的根本任务，发挥中考命题的育人功能，直指当今课堂教学改革的靶心和思政教育的初心，启迪和引领着基层教育工作者：关注学科核心素养，继续前行不忘初心。

（本文发表于《中学政史地》2016年第12期）

核心素养：命题新方向

——2018年河南中考道德与法治试题品析

2018年河南中考道德与法治试卷以贯彻落实党的十九大精神和习近平新时代中国特色社会主义思想为指导，以社会主义核心价值观为统领，落实立德树人根本任务，依据课程标准，精心设计巧妙布局，典雅大气联系实际，立意高远富于内涵，素养谋篇注重落地，引领课程建设、学科教学及学业评价试题命制的新方向。现采撷部分经典试题，与各位同人共品读同赏析。

一、彰显立德树人，体现价值追求

2018年河南中考道德与法治试卷13道试题紧扣思政课程"以社会主义核心价值体系为导向，促进初中学生正确思想观念和良好道德品质的形成和发展"要求，社会主义核心价值观引领作用如繁星闪耀、熠熠生辉，彰显立德树人的特质和本色，真正落实思政（道德与法治）课程作为德育主渠道必然的价值追求。如第1题启迪实现人生目标，第5题实现强军梦、维护国家主权，第7题传播正能量新时代中国系列微视频，第8题河南电商、中原出彩，第11题生态文明、美丽中国等，这些内容散发思想光芒，熏陶考生精神世界，让考生在阅读、审题、解题的过程中受到洗礼。

【经典回放】

见微知著，传播正能量的第7题。

7.（多项选择）聚焦新时代中国巨大发展的《中国一分钟》系列微视频走红网络，观者无不为中国人民的创造伟力所折服；展现习近平总书记"家国情怀赤子心，人民二字重千钧"的《公仆之路》微视频刷屏，激发了公众的强烈情感共鸣；展示独特魅力和风土人情的《老家河南》系列微视频风靡网络，河南美名扬四方……上述用微视频讲述大时代的做法（　　　）

A.是坚持正确舆论导向和价值取向之举

B.能够发挥网络优势向公众传递正能量

C.彰显网络媒体对社会责任的积极担当

D.利于培育和践行社会主义核心价值观

【经典品读】

网络强国战略思想，是习近平新时代中国特色社会主义思想的重要组成部分。习近平总书记在党的十九大报告中指出："加强互联网内容建设，建立网络综合治理体系，营造清朗的网络空间。"与这一要求极不协调的是近年来的互联网视频直播乱象，引发了有关部门的高度重视，也成为党和国家正在着力解决的社会问题。本题以《中国一分钟》《公仆之路》《老家河南》等多个充满正能量的微视频为背景材料，展现一些网络新媒体用微视频讲述大时代的创新做法，以积极向上的正面宣传为切口，让学生在充分认识新媒体传播优势的同时，增强正确合理使用网络媒介的能力，积极为构建网上网下同心圆、建设网络强国承担责任。本题的正确答案为ABCD。

【经典回放】

气势恢宏、体现时代特征的第10题。

10.（观察与思考题）材料一：2018年，是中国改革开放40周年。40年砥砺奋进，40年众志成城，中国共产党团结带领全国各族人民进行建设中国特色社会主义伟大实践，实现了中华民族从站起来、富起来到强起来的伟大飞跃。40年来，从农村到城市，从试点到推广，从经济体制改革到全面深化改革，中国人民用双手书写了国家和民族发展的壮丽史诗，推动了中国和世界的共同发展进步。为人民谋幸福，为民族谋复兴，为世界谋大同，改革开放不仅深刻改变了中国，而且深刻影响了世界。

材料二：壮阔东方潮，奋进新时代。改革开放只有进行时，没有完成时。40年后再出发，一幅新时代的改革开放新画卷正在打开——在北京，国家监察委员会、自然资源部、农业农村部等新组建的国家机关闪亮登场；在深圳，5000多件科技新产品集体亮相中国电子信息博览会；在海南，高起点谋划的全省自由贸易试验区建设已经开启；在雄安，促进京津冀协同发展的高质量样板城市呼之欲出；在河南，河南智能制造的2020年目标已正式出炉……

阅读上述材料，运用相关知识，思考下列问题：

（1）40年改革开放实现了中华民族从站起来、富起来到强起来的伟大飞跃。这昭示了哪些道理？（三个方面即可）

（2）结合材料二，说明党和国家正在实施的改革开放举措主要有哪些。（两个方面即可）

【经典品读】

2018年，是中国改革开放40周年，40年春风化雨、春华秋实，从站上新起点到进入新时代，我们党引领人民绘就了一幅波澜壮阔、气势恢宏的历史画卷，谱写了一曲感天动地、气壮山河的奋斗赞歌。本试题在于引导学生感受中国40年改革开放取得的辉煌成就，增强民族自尊心、自信心和自豪感，增强热爱党、热爱祖国、热爱社会主义的情感及投身国家建设，为实现中华民族伟大复兴而奋斗的历史使命感，有利于培育青少年学生的政治认同感和公共参与意识，该题同其他试题一道坚持了立德树人的最根本命题立意，充分彰显了学科的德育功能，有效承担了中考作为初中学业评价"最后一课"的应有职责。

二、考查主干知识，培育学科素养

英国教育家怀特海说："当你丢掉你的课本，烧掉你的听课笔记，忘掉你为了应付考试而背诵的细节，你的学习对你来说才是有用的。"2018年河南中考思政试题考查的民族精神、社会主义核心价值观、宪法是国家的根本法、生态文明建设、改革开放、自强精神、正确的学习观念和成就动机、明辨是非、诚实守信、创新精神、消费者合法权益、合理利用互联网等70多个知识点均是学科主干知识和相应的核心观点，既关照了学科稳定性，也检测了学生对学科核心知识的掌握情况，更是对学科教育目标、学生核心素养培育能否实现的有效印证。不同的题型都要求学生具备在鲜活的材料中提取信息、思考问题的素养，并能够结合所学知识明辨是非，进行价值判断，进而提升分析、解决问题的能力，并由此形成思政（道德与法治）学科必备的素养。

【经典回放】

场景温馨、启迪思维的第9题。

9.（辨析题）据调查，在近几年的大学一年级新生中，真正喜欢自己所学专业的不到30%，当被问及高考志愿是怎么选报时，大多数学生的回答是"父母定的"。选报高考志愿究竟应该听父母的，选一个安逸稳定、就业形势好的专业，还是合理规划，选一个适合自己、能够实现人生价值的专业（见图1），子女与父母之间往往意见不统一。

图1

【经典品读】

本题考查的知识点分布在课标三个部分，涉的知识点有：学会与父母相处、学会选择、做一个负责任的公民、人生规划、做好升学和就业的心理准备、个人梦和中国梦的关系、人生价值和人生意义。通过让学生对高考志愿应如何合理选报的情境辨析，帮助学生理解有选择地听取父母意见的重要性，学会在重大事件中综合各方面因素审慎做出选择，并对自己的选择负责。试题旨在引导初中毕业生提前做好人生规划，及早对人生价值和人生意义进行深度思考，提升自主选择能力，同时立志在国家发展、民族进步的大潮中实现人生价值。对易错易混观点的辨析也是帮助学生理解学科知识与核心观点的重要手段，亲情之爱、家国情怀、科学精神等素养培育蕴含其中。

三、融法治人试题，培育守法公民

教育部明确指出：要体现依法治国理念，将"宪法法律纳入升学考试"，帮助和引导学生树立正确的权利和义务观念，将广大青少年学生培养成为真诚信仰宪法，自觉维护宪法尊严，具有社会主义法治观念的建设者和接班人。2018年河南中考道德与法治试题在对初中生法治意识的培育方面着墨浓重，不仅在选择题第3题显现，还以一个活动与探索题的形式隆重出场。

【经典回放】

宪法至上、庄严神圣的第12题。

12.（活动与探索题）"我宣誓：忠于中华人民共和国宪法，维护宪法权威，履行法定职责，忠于祖国、忠于人民，恪尽职守、廉洁奉公，接受人民监督，为建设富强民主文明和谐美丽的社会主义现代化强国努力奋斗！"2018年3月17日，新当选的国家主席习近平手按宪法，面向近3000名全国人大代表郑重宣誓。这是中华人民共和国历史上国家主席首次进行的宪法宣誓，是影响深远的历史时刻，受到全国人民和国際社会的广泛关注。国家主席宪法宣誓，不仅是庄严的仪式，更是神圣的承诺，让每位领导干部、每个共和国公民，甚至每个孩子，都受到了宪法至上的教育。

"模拟宪法宣誓"活动正在举行，请你参与并完成以下任务：

（1）中华人民共和国历史上国家主席首次宪法宣誓影响深远。对此，谈谈你的认识。（三个方面即可）

（2）模拟宪法宣誓后，谈谈你打算如何把宪法至上原则落实到今后的学习和生活中去。（两个方面即可）

【经典品读】

法治意识是思政学科核心素养的重要方面，法治意识的相关内容在课标一、二、三部分都占有很大的篇幅，而且课标三的第三部分针对宪法规定了课程内容和活动建议。国家主席进行宪法宣誓是中华人民共和国历史上的第一次，这一题的模拟宪法宣誓活动设计，实践性、针对性强，有效拉近了宪法宣誓制度与学生之间的距离，为他们较为真切地体验宪法宣誓的重要性和意义做好了铺垫。该题第（2）问"模拟宪法宣誓后，谈谈你打算如何把宪法至上原则落实到今后的学习和生活中去"，引领学生树立宪法意识和法治观念，做遵法崇法的中学生，为将来走向社会成为优秀公民奠定基础。

四、紧扣重大主题，培养践行能力

2018年河南中考道德与法治试卷"坚持正确价值观念的引导与学生独立思考、积极探索相统一"这一课程基本理念，注重联系学生实际和社会热点问题，引导学生独立思考和创新实践。2018年的重大主题和社会热点相对比较集中，如党的十九大、纪念改革开放40周年、全国生态环境保护大会、《中华人民共和国英雄烈士保护法》颁布实施等。试卷不回避重大主题，在体现知行合一、倡导道德践行方面特色鲜明，重在导行。

【经典回放】

精忠报国、砥砺前行的压轴第13题。

13.（活动与探索题）材料一：天地英雄气，千秋尚凛然。在岁月的长河里，无数英雄前仆后继，为实现中华民族伟大复兴而英勇献身，他们以鲜血浇灌理想，用生命捍卫信仰，构筑起一座座不朽的精神丰碑。什么是英雄？英雄，是危难时刻挺身而出，是平常日子鞠躬尽瘁，是普通岗位恪尽职守，是普通人拥有一颗伟大的心。流血牺牲是英雄，无私奉献也是英雄。英雄，是中华民族的脊梁，英雄的事迹和精神是激励我们前行的强大力量。

材料二：光荣永远传承，英雄永不独行。2018年5月1日起施行的《中华人民共和国英雄烈士保护法》庄严宣告："国家和人民永远尊崇、铭记英雄烈士为国家、人民和民族作出的牺牲和贡献"；5月14日，教育部办公厅印发通知，要求各地各中小学校开展一次以"崇尚英雄精忠报国"为主题的班会活动；5月21日开始，人民日报社新媒体中心与众多网络媒体共同发起"崇尚英雄　精忠报国"大型网络互动活动，呼唤全社会一起重温民族脊梁的英雄事迹，寻找普通人身上的报国故事。

"崇尚英雄　精忠报国"专题教育活动正在进行，请你参与并完成以下任务：

（1）简述在全社会开展"崇尚英雄　精忠报国"专题教育活动的主要目的。（三个方面即可）

（2）搜集一条有关精忠报国的中国名言警句，写出来与大家分享。

（3）讲述一个发生在当代中国普通人身上的报国故事。（写出概要即可，不得出现真实的人名、校名、地名）

【经典品读】

一个有希望的民族不能没有英雄，实现中华民族伟大复兴需要英雄，需要英雄精神。针对社会上出现的诋毁英雄、抹黑英雄现象，本题

217

旨在引导学生体会崇尚英雄对于一个国家、一个民族的重大意义，切实做到铭记英雄、捍卫英雄、学习英雄，精忠报国。第（1）问在全社会开展"崇尚英雄　精忠报国"专题教育活动的目的，考查的是学生综合运用所学知识分析并解决问题的能力，第（2）问、第（3）问把弘扬英雄精神的要求深度融入活动，让学生在列举中国的精忠报国名言警句和讲述当代中国普通人身上的报国故事中感悟并落实具体行动，设问具有很强的开放性，真正凸显了精忠报国不是一句空话，而是实实在在的道德实践。本题不仅考查了学生的分析概括能力，还在榜样人物的引领示范中，增强了学生崇尚英雄、报效祖国的信心和使命感。一道考题，印证了学生价值判断、健康成长的心迹。

五、关注家乡建设，体现地方特色

充分开发和利用乡土资源是新课程倡导的课程资源开发原则，浓郁的地方特色是2018年河南中考道德与法治试题的重要特征，这大大增强了试卷的亲和力，让试题有血有肉、有骨有魂，激发了考生的兴趣，增强了青少年学生的社会责任感和热爱家乡、建设家乡的情感。如第2题关于开卷考试社会速查资料乱象问题，主要是我省初中生所面临的，也是每一个河南学子应该关心和面对的；第6题、第7题、第8题和第10题的背景材料基于河南省情；第13题第（3）问关注身边普通人的报国故事的设问意在彰显河南人身上的家国情怀等。这些题目恰如其分地把地方特色、省情教育以及热爱家乡、建设家乡的情感教育融为一体，润物无声，达成育人效果。

【经典回放】

亲切幽默、乡气浓郁的第6题。

6.（多项选择）"中牟大白蒜"是中国地理标志产品，出口量一度达全国1/3。然而，近年来大蒜价格起伏不定，呈现出"高一年，低三年，稳三年"的"蒜周期"现象。蒜价涨了，"蒜你狠"，引发种蒜热；蒜价跌了，"蒜你惨"，导致卖蒜难。2018年，大蒜价格持续走低，蒜农面临卖蒜难问题。解决上述问题，正确的举措有（　　　）

A. 不惜代价宣传，特邀明星广告代言

B. 加强产销合作，引导蒜农适度种植

C. 加大投资力度，增施化肥提高产量

D. 开发系列产品，做好大蒜的深加工

【经典品读】

河南是农业大省，农业、农村、农民问题一直是我省全部工作的重中之重，类似"蒜周期"现象，作为河南学子无论长在农村还是城市都应该了解。本题意在考查乡村振兴战略、民生问题、科教兴国、亲社会行为等内容。试题材料从"中牟大白蒜"是中国地理标志产品切入，给所有河南考生，特别是农村学生以亲切之感、自豪之感，接着陈述的"蒜周期"现象和卖蒜难问题，又瞬间给考生以责任和使命感，面对问题寻求破解之策以增强他们的主人翁意识。该题选材新颖，直击生活，对于培养学生关注社会、热爱家乡以及培养亲社会行为等方面均具有积极意义，达到了基于生活、透过现象看本质，引领教学、培养学生学科素养的考查目的。本题正确答案是BD。

六、注重文化熏陶，传播社会正能量

《义务教育道德与法治课程标准（2011年版）》指出："要用优秀的人类文化和民族精神陶冶学生心灵，提升学生的人文素养和社会责任感。"中华传统文化中的名言警句富含哲理、回味无穷、陶冶性情，给人以深刻启迪和美的享受。2018年河南中考思政试题注重传统文化对立德树人的独特功能，注重在试题中考查学生对中华民族历史传承中的爱国主义、民族精神等人文精神的理解，注重提升考生的文化认同感、民族自豪感。卷首温馨提示语的文化熏陶，每道题目自身"增一字太多，减一字太少"的骨感美，"壮阔东方潮，奋进新时代""中国大地正在绿起来、美起来""天地英雄气，千秋尚凛然"等语句荡气回肠、扣人心弦。第13题设问中"搜集一条有关精忠报国的中国名言警句，写出来与大家分享"直接考查文化用典等，都说明了2018年河南中考道德与法治试卷富含文化意蕴，13道题恰似13颗各具特色的珍珠，组合成一串新时代的美妙音符，从经济到科技，从道德到文化，从国计到民生，从农村到城市，涤荡着每个考生的心灵，发人深省。

综上所述，2018年河南中考道德与法治试卷，紧扣重大热点创设鲜活情境，布局宏大、格调雅致，稳中求新、突出主旋律，培养学生政治认同、科学精神、法治意识、公共参与等学科核心素养。好题不厌百回品，鉴赏深思得其真。无论是学业考试还是平时的水平测试，未来命题的方向就是坚持以核心素养为中心，基于课程标准，基于学生生活，设计出更加科学合理的试题，以彰显思政（道德与法治）学科立德树人的特殊魅力。

参考文献

中华人民共和国教育部. 义务教育思想品德课程标准（2011年版）［M］.北京：北京师范大学出版社，2012.

2019年河南中考道德与法治试题品析

2019年河南中考道德与法治试卷，紧跟时代步伐，围绕课程标准，落实立德树人根本任务，以素养谋篇，知识打底，情境载体，能力和价值立意并重，精心设计巧妙布局，整体结构稳中求新，教学导向作用明显。现采撷若干亮点，与各位同人共赏、共享。

一、精心设计巧布局，大气雅致联实际

2019年河南中考思政试题遵循"坚持正确价值观念的引导与学生独立思考、积极实践相统一"的课程基本原则，题型兼顾主观和客观，有机整合了道德、心理健康、法律、国情等方面的内容，注重联系学生实际和社会热点问题，关注考生成长中的体验与困惑，培养学生独立思考和创新实践能力，体现思想性、人文性、实践性，彰显综合性，凸显地方特色，展现出从设计到布局的匠心独运。

试题密切回应当今社会重大主题，背景材料的选取让试题显得恢宏大气，如第4题的"扫黑除恶"专项斗争，第7题的西藏民主改革60周年，第8题的外商投资法制定，第9题的全国思想政治理论课教师座谈会，第10题的河南"四美乡村"创建，第13题的庆祝中华人民共和国成立70周年等。试题设计起点高、落点低，切入点巧妙细腻接地气，让整个试卷格调雅致。

纵览全卷，扑面而来的浓厚文化气息，也让试卷雅意十足。卷首的

温馨提示语朗朗上口，每道题目的表述语言规范练达，"天行健，君子以自强不息""治国必治边，治边先稳藏""以美育人，以文化人"等语句言简意丰、直抵心灵。细品试题第1题、第11题、第13题文化味尤其浓郁，让考生在做题中接受文化熏陶，从而培育学生的人文素养。

【经典回放】

1. （单选题）教育家陶行知先生说："滴自己的汗，吃自己的饭，自己的事自己干，靠人靠天靠祖上，不算是好汉！"下列名言警句中与这句话蕴含道理一致的是（　　　）

A. 天行健，君子以自强不息。——《周易》

B. 日省其身，有则改之，无则加勉。——朱熹

C. 风力掀天浪打头，只须一笑不须愁。——杨万里

D. 盛年不重来，一日难再晨。及时当勉励，岁月不待人。——陶渊明

【经典品析】

本题选取教育家陶行知先生关于自立自强的名言作为题干，以《周易》、朱熹、杨万里、陶渊明的名言、诗句为题支，考查学生对于自立自强、身心健康、社会责任等学科基础知识的理解和掌握，引导学生主动培养良好的意志品质，对学生进行人文底蕴和健康生活素养的培育。作为开篇第一题，奠定了整个试卷文雅的基调。该题只要学生具备一定的中华优秀传统文化方面的知识积淀，正确理解题中每句话的内涵，就能选出正确答案。此题的正确答案是A。

【教学启示】

中华优秀传统文化中的名言警句富含哲理、令人回味，陶冶性情、启迪人生，是思政课培育学生核心素养和落实育人目标的重要载体。我国有五千多年文明史，源远流长、博大精深的中华文化是道德与法治课丰厚的课程资源。课堂上，我们可以通过引用一些经典名句、经典故事、历史背景知识、诗词歌赋等来增加课堂的文化含量；也可以挖掘地方独特的历史文化资源，搜集当代中国科技文化方面取得的巨大成就

等，根据教学需要，拿来为我所用，借以增强课堂的厚重性，使思政课充满文化的意蕴和雅味。

二、立意高远富内涵，稳中有变显新意

2019年河南中考道德与法治试题以习近平新时代中国特色社会主义思想和全国思想政治理论课教师座谈会精神为指针，紧扣课程"以社会主义核心价值体系为导向，促进初中学生正确思想观念和良好道德品质的形成和发展"的理念，彰显课程立德树人的特质和本色，真正落实思政课程作为德育主渠道必然的价值追求。试题稳中有变，全卷13道试题均立意高远，考查多元，内涵丰富。例如：第4题引导学生增强规则意识和法治观念，积极捍卫公平正义，做一个遵纪守法、有正义感的人；第7题引导学生增强民族共同体意识和维护国家安全的自觉性；第8题帮助学生认识日益走近世界舞台中央的大国情怀，引导学生具备世界眼光和开放胸怀；第9题则直击学生学习和成长中的困惑，增强学生做中国特色社会主义建设者和接班人的自信心。

【经典回放】

9.（辨析题）2019年3月18日，中共中央总书记、国家主席、中央军委主席习近平在北京主持召开学校思想政治理论课教师座谈会并发表重要讲话。习近平总书记强调，思想政治理论课是落实立德树人根本任务的关键课程，对处于"拔节孕穗期"的青少年健康成长具有不可替代的重要作用。在大中小学循序渐进、螺旋上升地开设思想政治理论课非常必要，是培养一代又一代社会主义建设者和接班人的重要保障。

学习习总书记讲话精神，同学们深刻认识到学习思想政治理论课的重要性，下定决心要学好初中阶段的思想政治理论课（即思政课）。那么如何才能学好呢？

下篇　考试评价

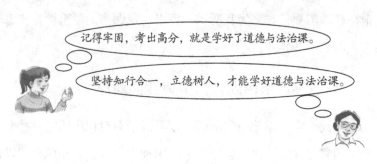

图1

【经典品析】

该题以全国思想政治理论课教师座谈会为背景，以"如何学好思政课"为话题，巧设辩点，直面问题，贴近真实生活，让学生有话可说。试题考查学生对于思政课的重要性、正确的学习方法，如何做新时代合格建设者和接班人等学科核心知识的理解和运用，培养辩证思维以及独立思考能力，树立正确的学习观、人生观和价值观，增强他们的使命感和责任感，从而培育科学精神及责任担当等核心素养。该题立意高远、选材精准、配图活泼、语言通俗，打破了以往辨析题四句工整对仗的语言壁垒和固化的思维模式，充分体现了2019年河南中考试题求真务实、不断创新的特点，是实现思政课学科功能不可多得的一道好题。

【教学启示】

办好思想政治理论课，最根本的是全面贯彻党的教育方针，解决好"培养什么人，怎么培养人，为谁培养人"这个根本问题。开好思想政治理论课的关键在教师。本题的精心设计有益于促进学科教师发挥本学科的优势，进一步明确"让学生在各种课堂实践、校园实践和社会实践中亲身体验，在生动活泼的具体情境中感悟内化，是立德树人的重要方法和重要途径"。在每一课教学中，基于目标，基于学情，教师要创设恰当的情境，因势利导、启发思考，培养学生的开放思维与创新能力，如可设置学生演讲、辩论等环节，遵循提出问题—分析问题—解决问题的思维规律，把生活中碰到的问题和社会关注的热点、焦点问题提交课堂讨论，让学生学会表达，进而感悟明理、日常践行，让思政课真正为学生的人生奠基。在做题思路上，教师要引导学生逐步学会把是什么—为什么—怎么办三个维度作为分析和解决问题的学科思维逻辑进路，这样才能在开卷考试中游刃有余。

三、素养谋篇担使命，知行合一重导行

2019年河南中考道德与法治试题落实立德树人命题理念，考查了未成年人保护、珍爱生命、依法治国、调控情绪、尊重他人、民族团结、国家安全、对外开放等40多个知识点。试题依托知识但不唯有知识，做到了素养谋篇、能力考查与价值指向相统一。每道试题指向一个或多个方面学科核心素养，如第2题的政治认同、公共参与，第3题的科学精神、健康生活，第5题的健康生活，第6题的媒介素养、科学精神，第12题的法治意识、公共参与、政治认同，第13题的人文底蕴、公共参与、政治认同。每道试题都要求学生具备在鲜活的情境材料中提取信息、思考问题、分析解决问题的能力，并由此形成道德与法治学科必备的素养，做到了让试题"说话"、让考试育人。

【经典回放】

13.（活动探索）2019年5月，中共中央办公厅、国务院办公厅印发了《关于隆重庆祝中华人民共和国成立70周年广泛组织开展"我和我的祖国"群众性主题宣传教育活动的通知》，强调要高举中国特色社会主义伟大旗帜，以习近平新时代中国特色社会主义思想为指导，增强"四个意识"、坚定"四个自信"、做到"两个维护"，紧紧围绕隆重庆祝中华人民共和国成立70周年，大力弘扬以爱国主义为核心的伟大民族精神，在全国城乡广泛开展形式多样、内容丰富的群众性主题宣传教育活动。

为响应中央号召，你校准备举办"我和我的祖国"校园书法展览，请你参与并完成以下任务：

下篇 考试评价

（1）为明确活动主题，请向同学们宣讲增强"四个意识"、坚定"四个自信"、做到"两个维护"的具体内容。

（2）向同学们介绍中国书法基础知识，中国书法有"真（正楷）草隶篆"四种主要字体，请按"真草隶篆"（从左至右）排列下列四幅图片的序号。（图略）

（3）依照上级通知要求，你在本次书法展览中参展的书法作品将书写什么内容？

（4）你作为学生代表将在本次活动启动仪式上发言，你打算讲些什么？（写出概要即可，不得出现真实的人名、校名、地名）

【经典品析】

本题通过引导学生参加纪念中华人民共和国成立70周年的系列活动，了解中华人民共和国成立70年来所取得的巨大成就，认识党的领导的正确性，感受祖国的巨大变化，增强"四个意识"、坚定"四个自信"、做到"两个维护"，增强爱国情感，自觉承担起民族复兴的历史使命。试题第（1）问通过对"四个意识""四个自信""两个维护"具体内容的宣讲，教育学生拥护党的正确领导，增强民族自尊心、自信心和自豪感，增强热爱党、热爱祖国、热爱社会主义的情感。第（2）、第（3）问考查学生中华优秀文化之书法的素养，包括辨别真、草、隶、篆四种主要字体并正确排序，提交书法作品并展示具体书写内容。第（4）问则考查学生的爱国情怀。该题融合语文、历史、道德与法治学科知识，充分体现了学科的综合性和实践性，在考查学生情感态度价值观的同时，凸显对考生实践能力的考查，充分落实课标要求，实现一题多能，培育学生的人文底蕴、公共参与、政治认同等多个方面的素养。

做好本题需要学生对党的十九大精神、党和政府在现阶段的重要方针政策重视，需要重视《河南省初中学业水平考试说明与检测（2019）道德与法治》上册中相关考点的理解和运用，需要对中华优秀传统文化方面的基础知识具有一定的积累，尤其需要具备相应实践活动的能力。因此，学生在考场上要想得心应手，平时必须要下足真功夫。

【教学启示】

本题引导学校、教师和学生从"行"上多下功夫，而不是只停留在"知"的层面。中考之后，笔者对当地部分毕业班道德与法治学科教师和九年级参加中考的部分学生进行访谈，了解到师生普遍认为本题偏难。笔者认为学校书法课的真正开展，道德与法治课教学中探究性实践活动的真正进行是做好此类试题的关键。如果真正做到了，学生就能轻松应对此类试题。这些恰恰是我们在教育教学中欠缺的。平时由于教学观念和各种条件所限，非考试科目的课程如音乐、美术、劳动技术等形同虚设，考试科目课程组织的实践活动很少，很难做到知行合一。因此，我们在教学中要切实引导学生联系实际，注重小课堂与大社会的结合，让学生走向社会，关注社会，关注国家大事，关注身边生活。在联系实际这方面尤其应该注意的是，课程标准"课程内容"部分，给出了大量切合学生实际的"活动建议"，这既是对教学的要求，也是对考试评价的要求，活动与探索题的命制依据基本来源于课标中的"活动建议"，这一点必须引起教师的重视。

思想政治理论课是落实立德树人根本任务的关键课程。2019年河南省普通高中招生暨学业水平考试道德与法治学科坚持以学生的学科核心素养发展为考查目标，关注学生全面发展，做到了学科任务、学科内容、评价情境三者的有机融合。这种导向要求我们学科教师在日常教学中要深入理解道德与法治学科的课程性质，积极承担本学科作为德育主渠道的应有职责，理直气壮地上好初中道德与法治课，潜心致力于为国家铸魂育才。

综上所述，2019年河南中考道德与法治试题紧扣重大热点，创设鲜活情境，彰显时代特色，培育学生素养。13道试题恰似13颗各具特色的珍珠，组合成一串新时代的美妙音符，涤荡着每个考生的心灵，也令科任老师深省。好题不厌百回品，鉴赏深思得其真——未来无论是教还是学，必须理论联系实际，做到知行合一，以彰显道德与法治学科立德树人的特殊魅力。

参考文献

［1］中华人民共和国教育部.义务教育思想品德课程标准（2011年版）［M］.北京：北京师范大学出版社，2012.

［2］求苗仁.在丰富的实践体验中立德树人［J］.教学月刊·中学版（政治教学），2016（7/8）：64.

（本文发表于《教学月刊·政治教学》2019年第9期）

2020年河南中考道德与法治第12题评析及启示

2020年河南中考道德与法治第12题（以下简称"第12题"）旨在体现国际命题理念，立足学科课程标准，聚焦核心素养，引领学科教学方向。

一、试题展示

2020年5月28日，十三届全国人大三次会议高票表决通过《中华人民共和国民法典》，宣告中国迈入"民法典时代"。

为了让同学们切身体验《中华人民共和国民法典》在生活中的作用，你班就如下民事案例举办一次模拟法庭活动，请你积极参与并完成相应的策划和组织工作。

案例：李女士见到何某骑车时将4岁女童撞倒后试图离开，于是上前阻止。两人发生言语争执，何某情绪十分激动，结果引发心脏骤停，经抢救无效死亡。何某的配偶和子女认为李女士应对何某的死亡承担责任，将李女士告上法庭，索赔50万元。

（1）要办好这次模拟法庭活动，应完成哪些必要的前期准备工作？（2分）

（2）同学们对模拟法庭审判长这一角色竞争激烈，你认为一名合

格的审判长应具备哪些条件？（2分）

（3）就上述案例，模拟法庭依据《民法典》第一百八十三条、第一百八十四条等的规定，判处李女士不存在过错，不应承担侵权责任，原告索赔的请求被依法驳回。请你谈谈这一判决结果的积极意义。（2分）

（4）参与本次模拟法庭活动，你在增强法治意识方面有哪些收获？（4分）

二、试题特点

（一）体现PISA测试理念，注重学生亲身体验

PISA测试是目前国际上比较流行的一种测试理念，是由经济合作与发展组织主要对接近完成基础教育的15岁学生进行评估，测试其能否掌握参与社会所需要的知识与技能。PISA测试理念下的试题，要求命题者着重于知识的应用及创设情境背景。要求学生灵活运用学科基本知识和基本技能，针对情境化条件下的问题自行建构，组织答案。PISA测试理念："考查目标不仅指向学生当下的学习状况，还力求了解学生的学习品质和学习潜力，考查学生整合所学知识解决实际问题的能力。"

第12题聚焦《中华人民共和国民法典》颁布这一关系国计民生的重大时事热点，创设"李女士正义之举反被索赔"的典型案例情境，设置问题，让学生参与法庭活动"真实"场景，在亲身"经历"和体验中，学会判断、分析、处理问题，使道德与法治课理论与实际相结合的教学原则和学以致用的学科理念得以集中展现。该题借助先进的PISA测试理念，考查学生整合所学知识，处理现实生活中突发问题的能力。与往年相比，这是一次与国际接轨的大胆尝试、创新之举。

（二）依据课标"活动建议"，培养学生探究能力

现行道德与法治课教学与评价依据的是《义务教育思想品德课程标准（2011年版）》（以下简称"课标"）。这里所指的"活动建议"是

指课标中基于学科特点的各类活动要求。课标要求活动的主体是学生，通过为学生创设各类活动，如调查、收集、参观、讨论、辩论等，使学生平时学习的知识与实际生活相结合，切实改变教学中重知识传授、轻实践活动的现状，调动学习兴趣，激发学习动机，让学生在合作学习中提升探究能力。

第12题将课标中的活动建议作为命题的维度之一，试题命制跳出单一知识性、技巧性考查和学生套路作答的窠臼，如课标所说："学生可以围绕真实的社会生活问题进行搜集、组织、解释或表达信息"，体现学生的思维张力，从而培养创新意识和实践能力。该题围绕"民法典在生活中的作用"这个主题，从模拟法庭的前期准备，到竞争并扮演审判长的角色，再到感悟判决结果的积极意义和感悟收获等逐步深入的问题，一线串珠，由低阶到进阶再到高阶，这样的问题设置，使相对枯燥的法律知识与学生生活实际有机结合起来，将知识与能力、过程与方法、情感态度与价值观等多维能力和素养的考查统摄在主题探究活动中，答案设置上的多元化也体现了试题的开放性和探究性，学生组织答案需要具备一定的逻辑思维能力和表达能力。该题集中体现了初中道德与法治学科的实践性和综合性。

（三）指向"核心素养"，培育时代新人

核心素养是指学生在接受相应学段的教育过程中形成的适应个人终身发展的必备品格和关键能力。现行的《普通高中思想政治课程标准（2020年修订）》指出，思想政治学科核心素养包括政治认同、科学精神、法治意识、公共参与四个方面。我们认为核心素养培育是素质教育的有效落实和升级，引领中高考评价改革，指向的是学生的学习过程和未来发展。

初中学业水平考试是义务教育阶段的终结性考试，考试的结果既是衡量学生是否达到毕业标准的主要依据，也是高一级学校招生的重要依据，考试是课堂的延伸，是学生在初中学段的"最后一课"。第12题无论是材料的选取、情境的创设，还是问题的设计，始终坚持素养导向，让学生在做题的过程中运用所学基本知识和基本技能，思考分析、价值判断，进而感悟明理。该题不仅关注学生的当下情感体验，而且着眼于学生未来走向社会的法治观念和法治思维的养成，培育学生的法治意识、科学精神和公共参与素养，从而助力培育德智体美劳全面发展的时代新人。

三、教学启示

近年来，河南中招考试道德与法治试题，坚持正确的政治方向，落实立德树人根本任务，在保持题型、分值基本稳定的前提下，注重内涵发展，求新求变，提质降难。这些变化常常发人深思：学科教育教学该走向何方？今后的课堂该怎样教和学？第12题的命制立意和思路可能会给广大一线教师带来一些启发。

（一）学习先进教学理念

第12题向道德与法治学科教学传递这样的信息：教会学生如何获取知识比学会知识本身更重要；掌握适应未来社会发展所需要的能力比掌握书本上既成的理论更重要。希望一线学科教师在今后的教学中不要局限于让学生读背教材中的内容，要更多地关注学生能否运用所学内容分析解决实际问题和应对现实冲突的能力；要更多地关注学生作为未来社会公民应具备的素质和应承担的责任；要努力学习领会国际先进的教学思想并渗透到日常教学之中。既要埋头拉车，也要抬头看路，转变教学方式，踏实上好立德树人的每一节课。

具体到每一节课，教师都要通过情境创设，借助各种活动，锻炼和强化学生合作学习、表达交流、学以致用等能力，尤其要充分利用教材中"运用你的经验""探究与分享""相关链接""阅读感悟""拓展空间"等栏目，把课堂变成"学堂"，实现活动育人。

（二）领会贯彻课标精神

课标是教材编写和考试命题的依据。第12题涉及的基础知识和基本技能在课标的课程目标中都有明确体现。如果我们每一节课的课堂教学目标能够达成，那么整体的课程育人目标就能顺利实现。教师要深入研读，吃透课标精神，落实要求，让它真正成为教学的指南。

教师不仅要认识到课标的重要性，还要学会研读和运用课标，准确把握教材内容，让课标成为我们备课、上课的必备工具书。教师要有思政课大中小一体化建设的意识，既要回头看小学道德与法治课教了什么，又要向上看高中思想政治新课标的要求，对初中道德与法治现行的课标进行增删完善，用发展的眼光创新使用，可以让课标更好地发挥纲领性作用。尤其要关注课标中课程内容部分的"活动建议"内容，平时上好实践活动课，把学生的实践能力和创新精神培养出来，这样学生在考试中，面对类似第12题这样的题目时，才能从容作答、挥洒自如。

（三）回归学科育人本位

思想政治理论课是承担立德树人使命的关键课程。统编初中道德与法治新教材是国家意志的体现，新教材关注初中学生逐步扩展的生活及其时代特征，关切初中学生成长中的体验与困惑，注重对初中学生精神成长的引领和生活实践的引导，最终指向学科核心素养。

学科核心素养的培育，要植根于学科的基础知识、基本原理的深厚土壤，要立足课标，抓住教材主干知识和核心观点，让学生弄清楚、悟明白。比如，针对法治意识素养的培育，尤其要针对教材中关于法律、宪法、民主、法治、自由、平等、公平、正义等核心知识，要按照"是什么""为什么""怎么做"的学科思维逻辑，让学生从感性认识到理性认识，知其然知其所以然，这样才能内化于心，外化与行，持之以恒，久久为功，形成能力素养。

考后笔者对某县域内部分九年级教师进行的访谈发现，在平时的教学中，教材中的"探究与分享""拓展空间"栏目几乎没有得到真正的实施。第12题的出现暴露了我们平时教学中的一个短板。一位优秀教师说："平时解决这类题的办法就是猜想、识记，学生从没有真正参与过，所以学生觉得很难。"其实，该题创设的模拟法庭情境，就出现在教材八年级下册第57页的"拓展空间"栏目中，第（1）问答案是教材上的原话。如果教师在条件许可的情况下，可以带领学生旁听当地法庭审判的真实场景；如若不能，教师可以借助网络让学生观摩网上法庭，之后扎实展开模拟实践活动。真要是做了，本题作答便不会困难。这再次启发教师，要重新认识和把握教材，回归教材，踏实上好每一节课；要重视教材实践性栏目，创造性开展教学活动，让学生通过亲身参与、体验各类实践活动，培养行动能力，走向未来生活。

总之，初中道德与法治课肩负着为国家培育担当民族复兴大任的时代新人的崇高使命，道德与法治学科教师任重道远，应该保持积极上进的心态，情怀深，功夫真，更新教育理念，转变教学方式，砥砺前行，为学科发展、为事业进步贡献自己的力量！

参考文献

李萍，刘庆昌.山西中考命题研究蓝皮书［M］.太原：山西教育出版社，2019.

（本文发表于《教学月刊·政治教学》2020年第9期，本文有改动）

由两道试题引发的深思

关注2020年河南中考道德与法治试卷第1题和第13题引起了我的思考。

1. 刘向《说苑·建本》中说："少而好学，如日出之阳；壮而好学，如日中之光；老而好学，如炳烛之明。"下列格言、诗句中与这句话蕴含道理最为一致的是（　　）

A. 发愤早为好，苟晚休嫌迟。最忌不努力，一生都无知。——华罗庚

B. 玉不琢，不成器。人不学，不知道。——《礼记·学记》

C. 纸上得来终觉浅，绝知此事要躬行。——陆游

D. 凡人之学，不日进者则日退。——王守仁

该题以经典的格言、诗句为背景材料，考查学生对正确的学习观念、良好的学习习惯和知行合一等学科核心知识与观点的理解，引领学生树立正确的学习观和文化观，培育学生的人文底蕴。

近年来，河南中考道德与法治试题紧跟时代步伐，以关注学生全面发展为核心，围绕立德树人根本任务和培根铸魂的思政学科育人本质，在培育学生的人文底蕴素养方面浓墨重彩，年年都有与此相关的试题命制，着力培育学生的人文素养。不仅在今年，而且2018年、2019年均在开篇第1题的客观性试题中设置，且在后边的主观性试题中再次隆重出现。在中国特色社会主义经济建设、政治建设、文化建设、社会建设和生态文明五位一体布局中，文化建设分值、分量和篇幅占比都是最重要

的。仔细研读发现，近三年来的河南中考最后的压轴题也都是关于培育学生人文素养的。可谓开篇清新唯美、格调雅致，结尾恢宏大气、厚重深长。这些充满"文化味"的试题和其他试题一道，使学生在毕业升学或踏入社会的"最后一课"，心灵得到再次润泽，生命得以再次滋养。这样的设置充分展现了命题者谋篇布局的匠心之巧和智慧之光，也让无数道德与法治学科教师深思。

中招考试是健全立德树人落实机制、扭转不科学教育评价导向的关键环节，对于全面贯彻党的教育方针和发展素质教育具有重要意义。一年一度的中考试题对于学校教育教学同样具有重要的引导作用。

对于中考道德与法治试题文化元素的研读，我进一步思考：这样的试题命制智慧给予我们今后教学怎样的启迪呢？

一、立足课程标准，培育学生人文素养

初中道德与法治课程是以初中学生的生活为基础、以引导和促进初中学生牢固树立社会主义核心价值观，形成正确的思想观念和良好的道德品质，为成为德智体美劳全面发展的社会主义建设者和接班人奠定基础的一门课程。该课程承担着培育担当民族复兴大任的时代新人这一崇高使命。

《义务教育思想品德课程标准（2011年版）》指出，人文性是该课程的基本特性之一。道德与法治课程的人文性要求我们教师在课堂教学中，要尊重学生的学习与发展规律，关怀学生精神成长需要，用学生喜闻乐见的方式组织课程内容、实施教学，用优秀的人类文化和民族精神陶冶学生心灵，提升学生的人文素养和社会责任感。

2016年9月，中国学生发展核心素养研究成果发布，提出了以培养"全面发展的人"为核心，把学生发展核心素养分为"文化基础""自主发展""社会参与"三个方面，综合表现为"人文底蕴""科学精神""学会学习""健康生活""责任担当""实践创新"六大素养，

具体细化为"国家认同"等十八个基本要点。在三大方面中，文化基础排在首要地位。文化基础重在强调能习得人文科学等各领域的知识和技能，掌握和运用人类优秀智慧成果，涵养内在精神。人文底蕴主要是指学生在学习理解运用人文领域知识和技能等方面所形成的基本能力，具体包括人文积淀、人文情怀和审美情趣等基本要点。

"来者落地生根，去者落叶归根。"文化是人存在的根和魂。要培育出适应社会发展的必备品格和关键能力，必须增强学生的人文底蕴，筑牢其人文基础。中华民族具有悠久的历史、灿烂的文化，道德与法治学科教师要坚定文化自信，把博大精深、源远流长的中华文化作为广袤的课程资源，让课堂充满浓郁的"文化味"。

在教学九年级上册第八课第一框"我们的梦想"时，笔者充分利用教材"相关链接"栏目中的传统文化元素，在课堂之初，想让学生谈自己的中国梦想，然后设置了一个"千年寻梦——读经典，话梦想"环节。

【活动内容】

自主阅读教材第105页上边"相关链接"，分析文段大意，谈感受。

问题1：你从文段中感受到古人对美好社会的追求是什么？

问题2：你还知道哪些古人对未来社会美好憧憬的表达？

问题3：古人的这些梦想能不能实现？为什么？

问题4：大家刚才畅谈的中国梦能不能实现？

这个环节旨在用较少的时间，通过对《诗经·大雅·民劳》中关于小康的描述和《礼记·礼运》中关于未来社会美好愿景的描述，让学生了解中国梦不是凭空产生的，是有其历史渊源的，引导学生用历史的辩证的观点看问题。同时，融入中华优秀传统文化元素，既增加课堂的厚度，又可以潜移默化地对学生进行文化自信教育。

教师要认真研读学科课标，理解掌握课标关于文化方面的三维目标要求，挖掘每个年级、每一册、每一课教材蕴含的文化元素，力争让文化元素的教育化作无声的力量，浸润学生的心灵，涵育学生人文素养。

二、关注中华优秀文化，饱读文化经典

中华优秀传统文化积淀着中华民族最深沉的精神追求，是中华民族的文化根脉和精神标识，更是实现中华民族伟大复兴的力量源泉。统编《道德与法治》六册教材融入了传统节日、民歌民谣、传统美德、民族精神、中国古代科技成就等内容，培养学生对中华优秀传统文化的亲切感，增强学生对中华优秀传统文化、对当代中国文化的理解和认同。

2020年河南中考道德与法治试卷第13题，以班级办黑板报活动为依托，以习近平总书记把文化自信作为坚持和发展中国特色社会主义最根本的自信，作为激励全体人民奋勇前进的强大精神力量的论述为主线，集中华优秀传统文化、革命文化、社会主义先进文化、抗疫实践、决胜全面小康过程中所彰显的民族精神于一题之中。

【经典回放】

13. 文化如水，看似柔弱，实则坚韧，能够穿越历史长河的风烟，成为连接过去、现在和未来的精神纽带。习近平总书记把文化自信作为坚持和发展中国特色社会主义最根本的自信，作为激励全体人民奋勇前进的强大精神力量。

为增强同学们对中华文化的认同感和自豪感，你班准备举办一期主题为"中国何以文化自信"的黑板报，请你参与并完成以下五个板块的创作任务：

（1）自信源于历久弥新。中华文明是世界上唯一没有中断的既古老又年轻的文明，中华文化跨越时空的永恒价值和魅力是我们的自信之根。请你举出一位中国古代知名人物姓名及其所著的一部经典作品名称。（2分）

示例：司马迁《史记》

（2）自信源于浴火淬炼。在28年的革命岁月中，党领导人民坚定信念，历经磨难，浴血奋战，形成了以红船精神、井冈山精神、长征精神、延安精神等为代表的革命文化，为中华文化熔铸了最坚韧的精神气质。请按照上述精神形成的时间顺序排列下列四幅图片的序号。（2分）（图略）

（3）自信源于开拓奋进。中华人民共和国成立70年来，党带领人民在战天斗地、开拓创新、砥砺奋进的非凡历程中，丰富和发展了社会主义先进文化。请你举出在这一时期形成的一种民族精神及其标志性特征。（2分）

示例：铁人精神　艰苦创业

（4）自信源于抗疫实践。面对来势汹汹的新冠肺炎疫情，中国果断打响疫情防控的人民战争、总体战、阻击战。全国人民坚韧奉献、团结协作，构筑起同心抗疫的坚固防线，为坚定文化自信增添了新的力量。请你举例说明抗疫实践是如何体现伟大民族精神的。（2分）

示例：白衣铠甲，逆行出征。体现了在国家危难、民族危亡的紧要关头能够挺身而出、舍生忘死、前仆后继的中华民族精神。

（5）自信扬帆新征程。坚定中国特色社会主义道路自信、理论自信、制度自信，说到底就是要坚定文化自信。坚定"四个自信"必然会促进中国人民增强大局意识、核心意识、看齐意识，做到自觉维护习近平总书记党中央的、全党的核心地位，自觉维护决胜全面建成小康社会，实现中华民族伟大复兴。（2分）

第13题第（1）问列举中国古代知名人物及其经典著作，第（2）问红色文化、民族精神等都反映了优秀传统文化在当代的创造性转化和创新性发展，也生动诠释了中华民族的创造精神、奋斗精神。4个设问用严谨的历史逻辑、精准的考查落点设置试题，考查学生的中华文化认同感，帮助学生树立文化自信，并据此考查学生对坚持正确政治方向、牢

下篇　考试评价

固树立"四个意识"、坚定"四个自信"、做到"两个维护"的认知程度，培育学生的人文素养和政治认同素养。

第13题再次启示我们，作为道德与法治课老师，要拓宽自己的阅读面，饱读文化经典；熟悉理解和认识中华优秀传统文化、革命文化和中国特色社会主义文化，做到学以致用，并把这些文化元素引入课堂活动中，上出具有厚重文化味的道德与法治课。

三、因地因时制宜，上出具有文化味的道德与法治课

我国有五千多年的文明史，浩如烟海的文化典籍、绵延不绝的历史文化传统、当今世界科技文化的辉煌成就等，都可以根据教学目标需要，恰当融入课堂的不同环节，借以增强课堂的厚重性。有文化味的课需要教师在课堂上，针对课时内容，挖掘内在文化素材，融入丰富多彩的文化元素，或创设恰当情境，或开展探究活动，引导学生思考发现、明理导行，学以致用。

教学《爱在家人间》时，在导入环节，我就特别重视不同文化素材的灵活运用，努力寻觅不同地区特有的文化素材，发现学生身边的教学情境，实现教学素材的丰富多样。在本地授课，我会给同学们讲哲学大家冯友兰的故事，让学生体会哲人的家庭亲情；在安阳汤阴上研讨课时，我就选取岳飞精忠报国经典素材，把岳母刺字的经典故事融入教学，激发学生兴趣……在课堂进行的过程中，我还会不时地引入学生身边的榜样故事，有时利用自身资源分享我和孩子之间的亲情故事，也会让学生分享他们自己的家庭精彩，或者用视频、图片、新闻报道等形式向同学们展现发生在他们身边的故事，用无形的道德标尺引导他们做一个负责任的家庭成员和合格公民。

因地制宜，因时制宜，选取不同文化素材不仅增强了课堂教学的针对性，而且能让学生更好地感受初中道德与法治课堂的独特魅力，感受到文化潜移默化的润泽力量。

文以载道，文以化人。一堂好的道德与法治课应该充满文化味，体现文化底蕴的厚重性。道德与法治课，如果没有一定的文化含量，就会显得单薄。在日常教学中，教师要在增厚自己文化底蕴的基础上，在教学设计上下功夫，可以通过引用经典名句、经典故事、历史知识、诗词歌赋等来增加课堂的文化含量。上充满文化味的道德与法治课。我将为之不懈努力！

（本文发表于《中学政治教学参考（中旬）》2021年第11期，本文有改动）

SOLO分类评价法的运用及启示

——2021年河南中考试题评析

2021年6月26日，河南中考第二天，随着第二场考试结束、考生走出考场，期待已久的河南中考道德与法治试题终于揭开神秘的面纱。随即在省内的学科微信群、QQ群，老师们纷纷发表对今年中考试题的看法，如"回归本真，立德树人""注重基础和覆盖，以后知道怎么教了"等。通过认真研究，我们不难发现，2021年河南中考道德与法治试题运用SOLO分类评价法，关注学生做题过程中的思维能力考查，着力培育核心素养，给师生的教与学以深刻启示。这样的关注和关切在主观题的命制实践中更为明显。

一、SOLO分类评价法简介

SOLO是英文"Structure of the Observed Learning Outcome"的缩写，意为可观察的学习结果的结构，是衡量学生解决一个问题时所达到的思维高度的评价方法。由澳大利亚学者约翰·比格斯教授和他的同事科利斯在1982年提出。

SOLO分类评价法是一种以等级描述为基本特征的质性评价方法。比格斯教授和他的同事在实践中发现：一个人的总体认知结构是不可检测的，称为"设定的认知结构"，英文的缩写为HCS。人的认知在总体上具有阶段性，对具体知识的认知过程也具有阶段性特征，一个人回答某个问题时所表现出来的思维结构是可以检测的。该理论把学生对某个问题的学习结果由低到高划分为五个层次，从而判断学生思维能力的高低，进而给予合理的评分。这五个层次的要求我们可以用表格来表示（见表1）。

表1 SOLO分类评价法的各个层级及其具体表现

等级	等级描述
前结构层次	学生基本上无法理解问题和解决问题，只提供了一些逻辑混乱、没有论据支撑的答案
单点结构层次	学生找到了一个解决问题的思路，但却就此收敛，单凭一点论据就跳到答案上去
多点结构层次	学生找到了多个解决问题的思路，但却未能把这些思路有机地整合起来
关联结构层次	学生找到了多个解决问题的思路，并且能够把这些思路结合起来思考
抽象拓展层次	学生能够对问题进行抽象的概括，从理论的高度来分析问题，而且能够深化问题，使问题本身的意义得到拓展

SOLO的意义在于把过去我们也曾使用过的层次评分的命题实践探索理论化，从理论上论证了分层评分的必要性和可行性，找到了分层评分的观测点和规律，这个理论尤其适用于主观题的命制实践。我们就以2021年河南中考道德与法治主观题为例来加以说明。

二、SOLO分类评价法在2021年河南中考主观题中的运用体现

SOLO分类评价法认为，学生在具体知识的学习过程中，学习结果经历着从量变到质变的过程，五个层次之间存在着"质"的差异，呈现出逐层递进的关系，思维结构越复杂，思维的层次越高。2021年河南中

考道德与法治试题分为客观题和主观题两种题型，1~17题为客观题，第18题、第19题、第20题、第21题（以下简称第18题，以此类推）为主观题。这些主观题，或创设与学生生活紧密联系的"真实情境"如第18题，引发学生内心的价值冲突，进而选择、判断、作答；或给出图表如第19题，让学生观察思考；或以国家和社会生活中发生的重大叙事为背景材料如第20题、第21题，设疑启思，分析归纳、拓展延伸，引领学生正确价值观念的形成，指向学生学科核心素养的培育。我们明显看到这些题目设置的问题和考查的学生思维层次是递进的，没有一个是靠直接背诵就可以作答，且题目均带有明显的开放性，考生可根据自己的思考理解、联想拓展，组织答案，从而实现考场是课堂，做题即育人的评价目标。

（一）第19题试题展示及分析

19. 中学生小智在一篇新闻报道中看到如图1的两幅图表，请你观察图表并回答问题。

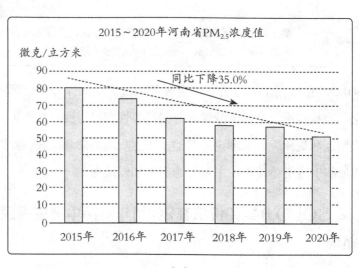

（a）

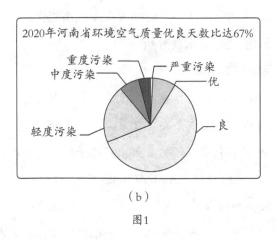

（b）

图1

（1）这两幅图表反映了哪些现象？（4分）

（2）结合所学知识，说明图1（a）中数据变化的原因。（4分）

1. 试题分析

从问题的设计来看，第（1）问着重考查学生的单一因素与多因素的建构能力，通过考生的回答可以看出考生在阅读图表、分析问题等能力素质方面所能达到的思维层次；第（2）问进一步要求学生能结合所学知识抽象出内在的本原，其综合性进一步加强，对第（2）问的回答比第（1）问要复杂一些。结合SOLO分类评价理论标准，我们可以看出本试题考查考生的多因素建构能力、关系建构能力，关键考查考生对生态环境问题尤其是对我省的环境状况的认识与分析能力达到了什么样的思维水平。

2. 答题策略

做好这类题需要学生认真观察图表内容，提取关键信息、理解并总结图表所蕴含的道理，结合设问运用所学知识，展开思维联想、进行深度分析方能准确作答。第（1）问答案重在河南省空气质量有所好转，但要坚持全面地、辩证地看问题，还需看到污染问题依然存在，保护环境任重道远。这些观点要有材料中的数据支撑方显有理有力。第（2）问限定关注图1（a）更具针对性，重在对空气质量好转的原因分析，考生若能联系所学，回归教材基本观点，便能作答。

（二）第20题试题展示及分析

20. 阅读材料回答问题。

针对未成年人保护领域出现的新情况、新问题，中华人民共和国第十三届全国人民代表大会常务委员会第二十二次会议高票通过新修订的《中华人民共和国未成年人保护法》。习近平签署中华人民共和国主席令予以公布，宣布自2021年6月1日起实施。

《中华人民共和国未成年人保护法》第一条规定：为了保护未成年人身心健康，保障未成年人合法权益……根据宪法，制定本法。

（1）运用所学知识，分析材料中全国人民代表大会常务委员会、中华人民共和国主席分别行使了什么职权。（4分）

（2）谈一谈你对上述材料中"根据宪法，制定本法"的理解。（4分）

1. 试题分析

本题以与考生成长密切关联的《中华人民共和国未成年人保护法》的颁布、施行为背景，巧妙考查国家机关的职权以及宪法是国家的根本法等学科核心知识及学生多方面的综合能力。从问题设置及表述来看，比第19题难度稍大一点，思维含量更多一点。第（1）问要求考生"运用所学知识，分析材料中全国人民代表大会常务委员会、中华人民共和国主席分别行使了什么职权"，考查学生"获取和解读信息""调动和运用知识""分析与建构"等能力，属于多点关联结构层次的考核要求，考生通过解读材料、发现和分析有效信息，联系背景知识等途径解答，总体上看，这一问题的难度中等。第（2）问要求考生结合材料并运用所学知识论证材料中阐述的观点——"根据宪法，制定本法"的理解，属于"论证和探究问题"的综合能力要求。两个问题共同体现了能力考核层次的梯度性。

2. 答题策略

这类思维含量较高的题目，考生不仅要读懂材料知其大意，而且要思考材料所蕴含的道理的证据，你从材料中看到了什么，用什么论据来证明，既知其然又知其所以然。这类题目对考生的阅读能力和思考分析能力要求比较高。但第（1）问只要学生能认真阅读材料并结合设问回忆所学基本知识，结合材料不难准确得出"立法权"和"公布法律"的正确答案。第（2）问只要学生能抓住观点，回归教材，演绎推理，得出"宪法是普通法律的立法基础"的观点从而打开思路，思维开合之间，便可顺利作答。

2019年河南中考道德与法治主观试题（也包括一些客观性试题），均蕴含着SOLO评价理念，如第18题的第（2）问、第21题的第（4）问，由于能力和篇幅所限，不再一一列举。总之，今年河南中考道德与法治试题明显植入SOLO分类评价法，凸显了理论联系实际的学科原则和对考生综合素质的考查。这种命题方式，在内容和形式上实现了对传统试题命制方式的突破和创新，有利于克服学生死记硬背的现象，突出对学生发散性思维和聚合性思维能力的综合考查。考试结束后，我们对部分考生和一线教师进行了访谈调查，他们大多反映"这样的试题命制得很好，但得分率不会太高，为以后教学导引了方向"。

三、基于SOLO分类评价法的学科教学启示

理念导引行动。评价方式的显著变化启示我们，作为道德与法治课教师，要及早关注SOLO分类评价法及其可能给学科教学带来的影响，及时调整教学方式，引领学生形成与评价方式相适应的学习方式。

（一）研读课程标准，关注认知过程

根据SOLO分类评价法的试题及答案命制，必然讲求答案要点出自教材并紧扣试题材料，讲求思维层次的"点—线—面—体"。这就要求教师在教学前，要认真研读《义务教育思想品德课程标准（2011年

247

版）》，明确其中的各项内容目标及活动建议要求，厘清各项内容对思维能力的实际要求，用哪些方法可以有效地引导学生理解把握等。在教学中，不仅要引导学生消化理解组成知识的基本概念、基本观点，还要引导学生分析各板块知识内部、板块之间、板块知识与重要时事热点之间的联系，探求知识形成的过程，实现"知识"向"认识"的转化，方能形成能力、培育素养。如《义务教育思想品德课程标准（2011年版）》第16面（三）法律和秩序，课程内容的第一项，即3.1——知道中华人民共和国宪法是我国的根本大法，是全国各族人民、一切国家机关和武装力量、各政党和各社会团体、各企事业组织的根本的活动准则，增强宪法意识。对应的活动建议是3.1——以班级为单位，举行"宪法在我心中"的主题活动。平时，如果我们根据思维层次的要求，让学生逐步理解这些观点，自证自圆，活动切实开展，学生在考试中面对如第20题这样的题目就会正确作答。

在复习备考中，教师还要指导学生结合具体情境材料，运用查找关键词、划分层次等方法提炼材料主旨，多角度、多层面分析材料中蕴含的学科知识，并结合自己的理解，提出观点，用相关学科理论分析论证，养成言之有理、言之有据的思维习惯，形成科学地分析、解决问题的能力。比如学生在材料中抓住了第18题"我"和"班集体"两个关键词、第19题"河南""环境"两个关键词，思维开合，规范表达就可跳一跳摘到自己想要的"桃子"。

当然，知识是思维向更高层次迈进的前提和基础。从今年SOLO分类评价法在命题中的运用来看，学生如果学科基础知识不扎实，自然就难得高分。在掌握了基础知识之后，还要将所学的孤立零散知识进行归纳、概括、串联，使之系统化、条理化，做到既见树木又见森林。比如构建知识网、知识树，画思维导图等不失为一些具体的好方法。因为学生认知的发展过程关系到其一生的可持续发展。

初中道德与法治课程、教学与评价

248

（二）依托教材栏目，培养阅读能力

阅读能力是学生应该具备的基本素养，有效阅读能帮助学生快速提炼关键信息，提高学习效率。培养学生的阅读能力，不仅仅是语文教师的专利，道德与法治课教师也责无旁贷。

我们知道，统编《道德与法治》教材的编写致力于探索如何避免思想认识的扁平化和表层化，从而实现对学生的思想性引领。教材内容在其思想深度上具有递进性，其呈现的路径能够引领学生的思想认识向纵深发展，从而使学生对某一内容主题的学习可以逐层深入，对事物的认识和把握走向全面深刻。我们要引导学生学会阅读教材，从中汲取思想之光。

统编教材中的"相关教学"栏目，是培养学生阅读能力的桥梁。其中的"阅读感悟"栏目，属于经验扩展型的链接活动设计，为教师的教、学生的学呈现更为广阔的生活资源，而且具有一定的开放性和发散性。例如古今中外榜样人物的故事等，教师在教学过程中，可以将此类材料作为因子，结合丰富的党史学习教育素材，设计学习活动，引导青少年学生学史崇德、学史力行。如果我们在平时的教学过程中潜心研究教材及栏目，科学设计课堂活动，发挥阅读功能，引领学生在感悟阅读内容的过程中提升素养，涵养品格，就可以实现阅读之后带来的感悟效能的最大化。比如，如果我们在教学中把七年级下册第六课的相关栏目和九年级上册第五课的相关栏目执行好，那么学生在做第18题和第21题的时候就会因亲历而"体验"，因体验而感悟，因感悟而思考，因思考而生成。

道德实践是品德养成的重要环节，在教学中，教师要在阅读材料的引领下，将教学由课堂拓展到课外更广阔的领域，以点带面，并通过各种活动营造浓郁的阅读氛围，在此基础上指导学生学会阅读，提升他们的阅读能力，为道德与法治课插上腾飞的翅膀。

(三)重视逻辑分析,规范表达方式

综上所述,SOLO分类评价法不仅关注学生答了什么,更关注学生怎么答,即不仅关注学生的知识、能力,也关注学生的思维过程。比如第18题的评分说明是这样表述的:"观点正确,层次分明、逻辑严密、表述流畅,给7~8分;观点正确,层次比较分明、逻辑比较严密、表述比较流畅,给3~6分;观点模糊,层次不分明、逻辑不严密、表述不流畅,给1~2分;观点错误或只判断不做分析,给0分。"这就要求学生不仅对所学知识做到熟知、真知,还要求学生能够按一定的逻辑顺序将自己的真知灼见,规范地书面表达出来,以反映自己的思维活动,展示自己的学习结果。因此,在教学过程中教师应加强学生学科思维方法的指导,并在提高学生的逻辑分析能力、书面表达能力上下功夫。

针对平时教学中和考试中,考生普遍存在的因逻辑不清、表意不准造成的层次不清、语句不通,答案没有针对性等问题,教师可以选择一些教学情境,设置问题,教会学生按口头表意—书写表达—术语规范的"三步走"顺序进行练习并强化。在学生完成答案的基础上展示不同层次水平的有代表性的答案,引导学生分析比较、查找问题及产生原因,提出修改建议,指导学生自己修改打磨,反复练习,实现表达的升格。

在复习备考过程中,教师还可以从审题和审答两个方面入手,引导学生提高自己的解题能力和思维能力。通过对一定量的材料和实际作答的归纳比较分析,发现自己思维训练过程中的症结,及时解决,从而有效提高主观题的得分。值得注意的是,解题能力不仅是练出来的,更是靠学生思考感悟而来的,而这同样是学生思维品质提升的结果。尤其如第19题的设问而言,就是要求学生做到结合材料而有力地表达。这就将中考道德与法治学科的评价测试真正落实到了学科素养和学科能力两个层面。要真正做好,需要教师和学生在平时的教学中投

入足够的精力。

综上所述，2021年河南中考道德与法治试题融入SOLO分类评价法，有效引领核心素养时代的基础教育课程改革和课堂教学，给广大一线教师指明了教育教学研究的方向，用一线教师的话说就是"这真是一套立德树人的好试卷"，"我们以后只要认真地把体现国家意志的好教材用好教好就行了"。扎实上好肩负立德树人关键使命的道德与法治课，让我们一同努力！

（本文发表于《中学政治教学参考（第2周）》2021年10月，本文有改动）

下篇　考试评价

2022年河南中考道德与法治
第18题命题启示

2022年河南中考道德与法治第18题（以下简称"第18题"）旨在体现国际教育教学评价理念，立足道德与法治新课程标准要求，聚焦课程核心素养培育，引领学科教学走向学用结合，教考一体，从而更加有效地发挥道德与法治课程立德树人的关键作用。

一、试题及评价建议

（一）试题呈现

18.（8分）暑假里，中学生小明每天从早到晚手机不离手。观察漫画《机不离手》（图1），联系所学道德与法治课程内容，对小明的行为进行辨别与分析。

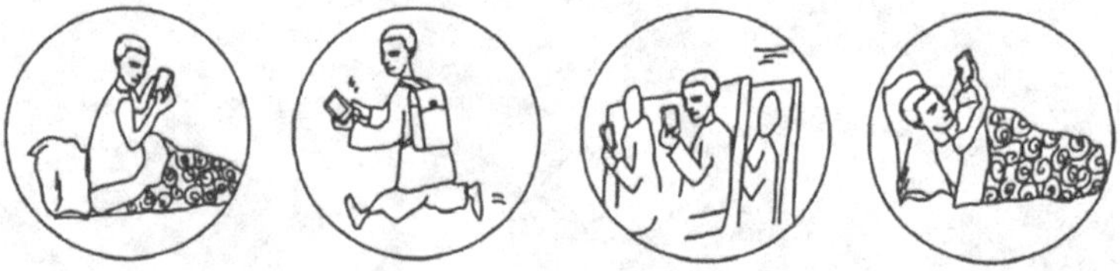

早起看新闻　　　　走路聊天　　　　坐车查资料　　　　睡前玩游戏

图1　漫画《机不离手》

（二）评价建议

1. 参考答案

暑假里，小明同学每天从早到晚手机不离手的行为是不正确的，他没有认识到过度使用手机的危害。

虽然小明使用手机可以阅读新闻、了解时事，联系亲友、增进感情，查阅资料、学习新知，休闲娱乐、放松身心，但是他每天拿着手机早起看新闻、走路聊天、坐车查资料、睡前玩游戏，会使他沉迷于手机，导致视力下降，有害身心健康，影响学习和生活。他走路时使用手机还易发生交通事故，危害人身安全。

所以暑假里，小明应做好学习、运动、家务劳动、社会实践等活动的规划，科学安排使用手机的时间，做到劳逸结合，争取实现全面发展。

2. 评分建议

观点正确，层次分明、逻辑严密、分析透彻、表述规范，给7~8分：观点正确，层次比较分明、逻辑比较严密、分析比较透彻、表述比较规范，给3~6分；观点模糊，层次不分明、逻辑不严密、分析不透彻、表述不规范，给1~2分；观点错误或只作判断不做分析，给0分。

二、试题突出特点

（一）体现布卢姆教育目标分类评价理论，基于学生生活经历

教育目标分类评价理论是美国心理学家布卢姆（B.S.Bloom）等人于1956年提出的认知领域教育目标分类说。该理论经受了时间和实践的检验，广为国际教育界采用和研究，并对教学与测试的发展产生了重大影响。随着相关学科的发展和该分类体系的不断实践和研究，布卢姆的学生Lorin Anderson邀请相关测试专家代表，经过多年的讨论于2001年推出其修订版。修订版能有机地把确定教学目标、依照教学目标开展的教学内容与活动、检验评估学生是否达成预定目标三个方面联系起来，形

成体现过程的完整教学活动与评估方案。在洛林·W.安德森等编著的《布卢姆教育目标分类学修订版（完整版）：分类学视野下的学与教及其测评》一书中，自始至终都关注课程、教学和测评之间的关系，强调必须要"保持课程、教学、测评三者的一致性"，专家还把认知过程的教学目标分为六个层级，我们用一个简易表格来呈现，即布卢姆教育目标层级表（图2）。

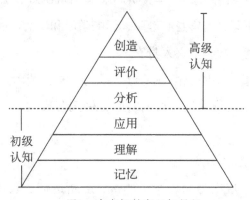

图2　布卢姆教育目标层级

第18题聚焦中学生日常生活使用手机这一常见的生活问题，创设四幅漫画"真实"情境，设置真实问题，让学生观察思考，在"真实"场景和亲身"经历"中，学会判断、分析、评价和解决问题，使道德与法治课理论与实际相结合的教学原则和学以致用的学科理念得以在本题中真实体现；也集中展示了今年河南中考道德与法治试题体现学用结合、教考一体，引领学生走向生活的命题原则。我们从分类表中可以看出，每一个较高层级的目标包含了其中处于较低层次的目标。该题较好地体现了布卢姆教育目标分类学理念六个层级中的较高认知"评价"，考查学生运用所学知识，解决现实生活中真实问题的能力。同时，第18题还体现了考场即课堂、考试即生活、考试即教育的学科育人初心。我们认为，这是本题的重要价值所在。

（二）体现新课标对教学和命题的要求，培养学生综合能力

《义务教育道德与法治课程标准（2022年版）》（以下简称"新课标"）倡导议题式教学，对于课程内容以学习主题的形式呈现，新课标同时对学业水平考试提出了明确的要求。在题目命制方面，新课标对题目的立意、情境创设和任务指向、评分标准等方面有明确的要求。在任务指向上，新课标要求，综合考查学生面对真实问题情境，展现学生的综合能力和素养，"任务设计应具有合适的思维水平层级，以考查学生视野的广度以及多角度、多层次分析问题和解决问题的能力"。

第18题的试题命制跳出单一知识性考查和学生套路作答的窠臼，学生围绕真实的社会生活问题进行搜集、组织、解释或表达，体现学生的思维逻辑和对知识的迁移运用能力，从而培养学生的创新意识和实践能力。该题围绕"我们应该如何利用网络（手机）"这个议题，从已有生活经验出发，观察、思考、感悟"自己"一日的生活场景，判断、分析、描述、评价，这样的任务设置，使相对枯燥的学科知识与学生生活实际有机结合起来，将知识与能力，过程与方法，情感、态度与价值观等多维能力和素养的考查统摄在真实的生活话题中，让学生有话可说。参考答案接地气的设置也体现了试题的开放性、探究性和思维的层级性。先做价值判断，再做论证分析，再次是生活指向。正确作答需要对以往知识的记忆、理解、应用、分析、评价与创造，非深度学习和高阶思维所不能。该题集中体现了初中道德与法治学科的实践性和综合性特点。

该题素养立意、选材精准、配图活泼，让考试评价发生在知识处于生成状态或应用状态的情境之中，充分体现了今年河南中考试题求真务实、不断创新的特点，是实现道德与法治课学科育人功能鲜明特点的一道好题。

（三）指向课程核心素养，引领学生未来生活

核心素养是党的教育方针的具体化，指学生在接受相应学段的教

育过程中，通过课程学习逐步形成正确的价值观和适应个人终身发展的必备品格和关键能力。道德与法治课程核心素养是道德与法治课程育人价值的集中体现，使学生通过道德与法治课程的学习逐步形成正确的价值观、必备品格和关键能力。新课标指出，初中道德与法治课程核心素养包括政治认同、道德修养、法治观念、健全人格和责任意识。

河南中考兼具初中学业水平考试和高中阶段招生的双重功能，是义务教育阶段的终结性考试，考试的结果既是衡量学生是否达到毕业标准的主要依据，也是高一级学校招生的重要依据。我们认为，考试是课堂教学的延伸，也是教育教学的重要环节，可以说道德与法治中考是学生在义务教育阶段接受关键课程教育的"最后一课"。第18题无论从材料的选取、情境的创设还是任务的设计，始终坚持素养导向，让学生在做题的过程中运用所学基本知识和基本技能，思考生活、分析判断、感悟明理、表达心声。该题不仅关注学生之前所过假期的情感体验，而且反思平时生活的行为方式，还着眼学生开启即将到来的暑期生活的规划安排，引领未来走向社会生活的理性思维和行为习惯的养成，指向学生有序参与生活和责任意识等素养的形成和发展，从而助力培养堪当民族复兴大任的时代新人。

三、教学启示

2022年河南中招考试道德与法治试题，坚持正确的政治方向，落实启智增慧、培根铸魂使命。和去年相比，在保持题型、分值稳定的前提下，落实国家"双减"政策，注重内涵发展，提质降难，回归本原，引导教学。第18题的命制立意和思路可能会给广大一线教师带来一些启发。

（一）不断学习先进教育理念

第18题向道德与法治学科教师传递这样的信息：教会学生发现问

题并用所学知识分析、解决实际问题比单纯的记忆、理解知识更重要；掌握适应未来生活所需要的能力比掌握书本上既成的理论更重要。希望一线广大学科教师在今后的教学中不要局限于让学生读背教材中的内容，要更多地关注学生能否运用所学内容判断、分析、解决实际问题能力；也要更多地关注学生作为未来社会合格公民应具备的素养和应承担的责任；还要努力学习领会国际先进的教学理论，如PISA测试理论、SOLO分类评价法和本文提到的布卢姆目标分类理论，并渗透到平时的教育教学中，切实转变教学方式，践行学用结合，扎实上好思政课。

微观来看每一节课，教师要努力通过创设"真实"情境，借助多样活动，激发主体参与，关注思考、探究和做事的开启、过程和结果，培养学生合作学习、表达交流、学以致用等能力，尤其要充分利用教材中"运用你的经验""探究与分享""相关链接""阅读感悟""拓展空间"等相关栏目，把"教室"当"学室"，把"课堂"当"生活"，力行活动育人、生活育人。

（二）领会贯彻新课标精神

"课程标准是教材编写、教学、考试评价以及课程实施管理的直接依据。"新课标对课程内容分"学习主题""学业要求"和"教学提示"三个维度来描述，擘画了"教—学—评一致性"的教育教学蓝图。第18题考查的基础知识和基本技能在新课标七至八年级的课程内容目标中都有明确体现。如果我们的每一节课都能够深刻领会课标精神，精心设计和努力达成一节课的育人目标，绵绵用力、久久为功，课程的总体育人目标就能顺利实现。根据布卢姆的目标分类评价理论，我们可以把某一知识的学习要达到的层级用一个核验表来呈现（见表1）。

表1 核验表

目标水平＼知识点	知道	理解	应用	分析	评价	创造
知识点1						
知识点2						
知识点3						

　　教师还要学会研读和运用课标，准确把握教材内容背后承载的育人价值，让课标成为我们进行教学设计、实施教学过程的指南。落实国家思政一体化建设要求，新课标还优化了课程设置，将义务教育阶段的思政课统一整合为"道德与法治"。教师一定要树立思政课大中小一体化建设意识，研究同一主题或同一学习内容下，不同学段的不同要求，让课标更好地发挥纲领性作用。小学阶段注重价值启蒙，初中学段注重价值引领，高中阶段注重价值认同。在平时的课堂教学中，尤其要关注新课标中学习主题部分后面的"教学提示"内容，积极实施议题式、体验式教学等多种教学方法，引导学生参与、体验，感悟、分享，建构、生成，多采用角色扮演、情境体验、社会现象分析等活动方式；引导学生开展自主、合作学习，带着学生走向知识、走向生活。这样学生在考试中，面对类似第18题这样的题目时，才能从生活中来自主建构，轻松作答。

（三）坚守学科育人初心

　　思想政治理论课是承担立德树人使命的关键课程，道德与法治课程是义务教育阶段的思政课。初中学生逐步扩展的生活是道德与法治课程建构和实施的基础。统编初中道德与法治教材是国家意志的体现，关切初中学生成长中的体验与困惑，注重对初中学生生活实践的引导和精神成长的引领，最终指向课程核心素养的培育。课程核心素养的培育，要植根于课程的基础知识、基本原理的深厚土壤和社会生活的广博海洋，要立足课标，抓住教材主干知识和核心观点，让学生在生活中感悟明理，情感升华。

当代中学生身处互联网高度发达的时代，享受着互联网技术发展带来的便捷交流、技术创新等时代福利，同时这又是一个打开的"潘多拉的盒子"，有诱惑又有风险。第18题考查的基本知识是网络的利弊，基本能力是学会理性参与网络生活，是基于对学生所处的真实社会环境设置的真问题，需要真解决，有价值引领和行为指向的多维考量，意在引领学生明确走进、认识、理解和参与社会生活，是中学生成长为负责任公民的必经之路，从而培育学生的责任意识等素养。

对于某一方面素养的培育，我们可以细化素养的表现，抓住教材关键知识，联系社会与生活实际，设计教学着力点。比如，政治认同素养的培育，尤其要针对教材中关于改革、共同富裕、民主、法治、中国梦等核心知识，按照"是什么""为什么""怎么做"的思维演进，引导学生理性分析，知其然知其所以然，这样才能内化于心，外化于行，持之以恒。

考后，笔者对某县域内部分九年级师生进行了访谈，发现在平时的学习生活中，教材中的"运用你的经验""探究与分享"等栏目几乎没有得到真正实施。一位优秀的教师感慨道："老师梳理教材，发展问题，引导学生梳理教材、发现问题、解决问题是学生成长的必由之路。"对于第18题的印象，学生普遍反映："看着容易，但得高分不易。"学生的真实反馈暴露了我们平时教学中忽视教材栏目有效落实的现象，也体现了学生对辨析题做题方法的困惑。其实，该题创设的"机不离手"情境，就出现在教材八年级上册第17页"运用你的经验"栏目中，答案的主体部分也是教材上的原话。教师在教学中如果把教材中的栏目落实得到位，学生如果对教材的基本观点吃得透，就会对这一现象做出正确的价值判断，并把自己所学的关于网络利弊的知识迁移到这一场景中来，辨得准确，分析得有理，如果再教会学生审题和审答，学生

下篇 考试评价

得高分就不难。这深深启发我们，在课堂教学中要重新认识和把握教材，要重视教材栏目的落实，要培养学生的辩证思维能力，学会知识的迁移与运用，让学生通过亲身参与、体验各类活动，增强行动能力，走向未来生活。

综上所述，初中道德与法治课程肩负着为党育人、为国育才的崇高使命，道德与法治学科教师要从真实的社会情境出发，引领学生在感悟生活中认识社会、学会做事、学会做人，把道德与法治教育的方向引领和学生发展有机统一起来。发现真问题，解决真问题，真解决问题应成为道德与法治学科教师的学科情怀和不懈追求！

（本文发表于《中学政治教学参考（第2周）》2022年12月）

后记

幽幽一株兰花开

凡·高说:"爱之花开放的地方,生命便能欣欣向荣。"

回看三十多年的教学实践,从课堂中来,到课堂中去。从传统教学中走来,穿越教育改革的时空,走向核心素养新时代。我始终秉承以生为本的理念,用爱心润泽生命,和学生共成长,享受生命的欢畅,一起走向教育的远方!

父亲的坚强铸就了我精神的骨骼和人生的品格,母亲的善良和勤劳奠定了我生命的底色。家人们的支持和鼓励与无私的爱,给予我自信和勇气、成长的自由。师长们的关怀,领导和同事、亲友们的宽厚赋予我前进的动力……

2014年10月,在郑州参加河南省初中政治优质课大赛观摩展评活动的最后一天,会场上没来得及记上专家点评环节的一些重要话语,深感遗憾。在就餐的人群中偶遇当时河南省基础教研室思想政治学科教研员王向阳主任,问能不能让我再做一下笔记。王主任问我是哪里的,这么爱学习,写过文章吗。我告诉王主任以前曾经连续三年写过教学反思,纯粹是为了自娱自乐、自我提醒,为了把教学搞得更好。王主任鼓励我要尝试在以前的教学反思中析出自己的观点形成学术文章,这使我心里有了写文章的自觉意识和行动。

2015年7月,我加入中原名师工程,河南省思想政治学科负责人杨伟东主任是我们中原名师班的导师之一，杨主任经常为我们推荐教育教学的前沿理论文章，并鼓励我们写作梳理。于是，我开始整理以前的零散随笔，有时我把自己写的文章在"中原名师剧爱玲工作室"微信公众平台发表，并分享在中原名师交流群里，杨主任看到有些文章有独到的见解和推广的价值，便鼓励我修改投稿。就这样，在杨主任的鼓励下，我尝试投稿。于是，《招生考试之友》《中学政史地》《中国教师报》《河南教研》《中学政治教学参考》等刊物上有了我的文字和名字……

2016年10月，我以自己的一篇教育自传入选中原名师13人写作小组。在导师的点拨和同伴的激励下，"写作像风一样吹过来"（闫学老师语），我思故我在，我写故我在。慢慢地，文字便像小溪水缓缓流淌出来，这些繁忙工作之余写于孤灯暗夜的文字哦，时不时地跳出来，温暖着我的心房。

2017年，河南省教育厅赋予中原名师工作室承担培育河南省名师和骨干教师的任务，在引领培育对象梳理反思、读书写作的过程中，我也在不断地成长。2017年7月以来，我在"中原名师剧爱玲工作室"微信公众平台陆续发表自己的原创文章100篇以上，这使我对课堂的思考逐步深入。

在浙江研修的间隙，我曾经和我们的导师、中原名师工程的顶层设计师、河南省基础教育教学研究室的丁武营主任交流自己写作的愿景和困惑，并把自己发在公众号上的文章给他看。丁主任说："挺生动的，你的资源也很多，继续写，注意提炼。"在丁主任等导师们的鼓励下，我坚持不断把随心随意写的拙文打磨修改、串珠成链。

在梳理、打磨、提炼书稿的过程中，浙江省教育厅教研室牛学文老师、南阳市宛城区教研室的徐大柱老师在百忙中抽出时间，给予我多次的点拨和指引。

且以优雅走课堂，吾以吾心写课堂。串串珍珠记录着我的工作痕迹，闪耀着我的教育教学思想的火花……

行进在学科教学教研的路上，全国各地的学科同行们，一个个闪光的名字，把我照亮，还有谋面的和未曾谋面的学科同人们、教育同行们，一并感谢、感恩。

众香国里牡丹最鲜艳，我自偏爱兰。

兰之猗猗，扬扬其香。众香拱之，幽幽其芳。不采而佩，于兰何伤？

不管有没有人欣赏，默默地吐露着属于自己的芬芳，悄悄绽放……

我愿做一株兰花，不择花盆，不择土壤，优雅地走课堂，静静地研课堂。

爱一朵花就陪它绽放，朝着花开的方向；爱一朵花就陪它绽放，迎着温暖的阳光，前行的路上，面带微笑，靠近光，也做一束光。积极向上、照亮他人的同时，也把自己照亮！

立德树人站讲台，甘为人梯搭平台；教学教研紧相连，读书反思勤实践；修心远行登高台，爱之花儿悄然开；思政课堂舞蹁跹，此生不负到永远！

后记